公認心理師のための
「発達障害」講義

監修 下山晴彦／編著[講義] 桑原 斉・田中康雄・稲田尚子・黒田美保

編集協力[講義メモ＆確認問題] 宮川 純

本書の講義動画をこちらからご覧いただけます。

北大路書房

　「臨床心理フロンティア」は，**講義動画**と組み合わせて**現代臨床心理学**の最重要テーマを学ぶ画期的なテキストシリーズです。しかも，本書は，単に動画を学ぶためのテキストというだけでなく，下記のように読者の学習を支援するユニークな工夫がされています。

---

①いずれの講義でもその領域の重要語を解説する「**講義メモ**」がついているので，初学者でも安心して学習を深めることができます。
②講義の終わりには「**確認問題**」がついているので，ご自身の習得度をチェックでき，試験対策としても活用できます。
③巻末には関連する法律を掲載するなど，テーマごとに専門活動を深めるための**付録**がついているので，現場の心理職の専門技能の強化にも役立ちます。

　したがって，本シリーズの読者は，本書を活用することで，日本を代表する現代臨床心理学のエキスパートの，密度の濃い講義を視聴し，そこで解説される最新の知識と技法を的確に習得し，専門性を高めることができます。

　日本の心理職は，公認心理師法施行によって，新たな地平（**フロンティア**）に大きな一歩を踏み出しました。そして，国家資格をもつ専門職として，国民のニーズに責任をもって応えていくために，臨床心理学の最新の知識と技能を実践できることが義務となりました。これから公認心理師を目指す人はもちろん，これまでメンタルヘルス活動を実践してきた心理職も，現代臨床心理学を改めて学ぶことが必要となっています。

　幸いなことに，現代臨床心理学の最重要テーマについては，一般社団法人臨床心理iネットがe-ラーニング教材として講義動画プログラム「臨床心理フロンティア」を公開しています。本シリーズは，この臨床心理フロンティア動画の講義ノートとして作成されたものです。

　もちろん本シリーズの書籍は，テキストを読むだけでも，最先端（**フロンティア**）の現代臨床心理学を学ぶことができます。しかし，臨床心理フロンティアの講義動画を視聴したうえで，本書を活用することで，知識と技能の習得度は飛躍的に高まります。本書では，各講義における重要語句を**太字**で示すとともに，要点となる箇所には下線（点線）を引いて強調してあります。ですので，読者は，注意を集中すべきポイントを押さえながら講義を聴くことができます。

　なお，臨床心理フロンティアの講義動画の視聴には申請が必要です。

申請サイト　https://cpnext.pro/
申請できる条件

[心理職] 公認心理師，臨床心理士，臨床発達心理士，日本心理臨床学会会員

[心理職を目指す学生・教員] 公認心理師養成カリキュラムを有する大学および大学院に在籍する学生，日本臨床心理士資格認定協会が定める指定大学院および専門職大学院の院生，大学・大学院・専門学校などで臨床心理学に関して教えている教員

[公認心理師を目指す方] 公認心理師カリキュラムを有する大学の受験を考えている人

　上記条件を満たす方は，申請サイトの「臨床心理フロンティア会員登録」のボタンをクリックし，登録申請をしてください。審査の結果，登録が完了した場合，全番組を無料で視聴できます。

　本シリーズは，主要な講義動画をカバーできるように，順次書籍を出版していきます。シリーズテキストは，いずれも公認心理師の養成カリキュラムや国家試験にも対応する内容となっています。多くの皆様が本シリーズをとおして現代臨床心理学を学び，心理職としての専門性を高めていくことを祈念しております。

シリーズ監修　　下山 晴彦

序　文

　本書は，公認心理師が「発達障害」を正しく理解し，適切に支援していくためのテキストです。読者の皆様は，本書を活用することで，発達障害の理解と支援に関して日本を代表するエキスパートの講義動画を視聴しながら学びを深めることができる仕組みとなっています。PART 1では発達障害を構成する障害分類とその診断の手続きを体系的に学びます。PART 2では，さまざまな領域で発達障害を支援する際の心理職の役割について学びます。次のPART 3では，発達障害の中でも自閉スペクトラム症に焦点を当ててその理解（アセスメント）の方法を中心に学びます。最後にPART 4で，自閉スペクトラム症の支援について学びます。このように読者は，本書をとおして発達障害の基本から専門的なアセスメントと心理学的支援の方法まで，段階的に学ぶことができます。

　さて，発達障害の理解と支援において注意しなければならないことがあります。米国の精神障害の診断分類マニュアルDSM-5では，発達障害は「神経発達障害群」に分類されています。神経発達障害群という名称からは，発達障害が「神経」という器質的な要因による医学的疾患であるかの印象を与えがちです。しかし，WHOの国際生活機能分類（ICF：本書内で解説）において障害は，単純に器質的原因を基準にするのではなく，社会生活における活動や参加の制限がどれだけかあるのかによって規定されるものとなっています。つまり，器質的な障害があったとしても，バリアフリーやユニバーサルデザインによって活動や参加の制限が改善されるならば，それによって障害の程度も改善されることになるのです。したがって，障害のあり方は社会環境要因や個人心理要因に大きな影響を受けるものとなります。そこでは，器質的要因の治療を目的とする医学治療モデルから，心理社会的な環境の改善を目指す生活支援モデルに移行することが重要となります。

　しかし，我が国の発達障害の理解と支援は，なかなか医学治療モデルから抜け出せずにいます。生活支援モデルでは，器質的要因による機能障害（Disability）があるとしても，それを医学治療モデルに基づき疾患（Disease）として診断・治療することを目指しません。社会参加の困難（Difficulty）とみて，機能障害に即した心理支援や環境提供をすることが課題となります。特に自閉スペクトラム症のようにスペクトラムとして理解されるのであれば，どのような要因による機能障害が生じているのかを適切に評価し，その機能を補償する支援をすることが求められます。

　また，我が国では障害に対する心理社会的な環境整備が適切になされていないこともあり，残念ながら発達障害をかかえる者が社会的差別，虐待やいじめ等に起因する2次障害としてうつ状態，強迫症状，解離症状，パニック症状等の精神障害の症状を呈し，精神医療の対象となることが多くなっています。そのため，発達障害は医学的治療の対象であるとの誤解が生じ，医学的診断に頼るということが起こりやすくなっています。その結果，発達障害の医学的診断はするが，その後の心理支援がなされないまま放置されることが多くなり，その負担が家族や教育関係者に

任されてしまっているのが現状です。

　発達障害は，生物，心理，社会的な要因が複雑に重なり合って生じてきているものであり，診断は容易にできるものではないことも確かです。だからこそ，公認心理師は，きめ細やかなアセスメントによる理解と，それに基づく発達促進・心のケアが特に重要なります。

　本書は，公認心理師が発達障害を正しく理解するための判断基準を詳しく解説するとともに，それぞれの領域でどのような役割をとってどのような支援を行なうのがよいのかを提案します。そして，発達障害の中でも特に正しい理解と適切な支援が求められている自閉スペクトラム症のアセスメントと支援の方法を具体的に説明します。

　公認心理師や公認心理師を目指す多くの人が本書を活用して，発達障害を理解し，支援するための知識と技能を高めていかれることを祈念しております。

下山　晴彦

目次

シリーズ紹介　i
序　文　iii

PART 1　心理職のための発達障害の診断入門

0　はじめに：講義の概略　2

1　総論：神経発達症群　5

1　発達障害の定義　5
2　DSM と発達障害，神経発達症群　6
3　診断の原則　7
4　フォーミュレーションと包括的な評価　11
5　フォーミュレーションが求められる理由　13

2　知的能力障害群　15

1　知的能力障害群とその定義　15
2　知的能力障害　16
3　全般的発達遅延　17
4　特定不能の知的能力障害　17

3　コミュニケーション症群　18

1　コミュニケーション症群の構成　18
2　言語症　18
3　語音症　19
4　小児期発症流暢症　20
5　社会的コミュニケーション症　21
6　特定不能のコミュニケーション症　22

v

4 自閉スペクトラム症　24

- **1** 自閉スペクトラム症の概念　24
- **2** 自閉スペクトラム症の判断のポイント　26
- **3** 他の ASD の判断ポイント　29
- **4** ASD に対する合理的配慮　29
- **5** 該当すれば特定すべき項目　30
- **6** ASD の研究　31

5 注意欠如・多動症　33

- **1** 注意欠如・多動症（ADHD）の構成　33
- **2** ADHD 診断の問題　33
- **3** 他の ADHD の判断のポイント　35
- **4** 過剰診断と薬物療法　36
- **5** 他の特定される注意欠如・多動症　37
- **6** 特定不能の注意欠如・多動症　37

6 限局性学習症　39

- **1** 限局性学習症の定義　39
- **2** 限局性学習症の判断のポイント　40
- **3** 限局性学習症のカットオフ　41

7 運動症群・他の神経発達症群　43

- **1** 運動症群の構成　43
- **2** 発達性協調運動症　43
- **3** 常同運動症　44
- **4** チック症群　44
- **5** 他の神経発達症群　46
- **6** PART 1 のまとめ　46

PART 1 確認問題　48

PART 2　発達障害支援における心理職の役割

0 はじめに：生活障害としての発達障害　56

1 生活の質を高める支援　59

- 1 生活障害の生活の質を高めるために　59
- 2 生活障害に対する心理職の役割　61
- 3 発達障害の支援とは　63

2 発達支援における心理職の役割　65

- 1 心理職に期待すること：医療現場（1）　65
- 2 心理職に期待すること：医療現場（2）　66
- 3 心理職に期待すること：教育現場　67
- 4 心理職に期待すること：福祉現場　69

3 心理職の発達支援技能を高めるために　71

- 1 アセスメントとは　71
- 2 心理職が期待すること　72

4 発達障害支援についてのQ&A　75

> PART 2 確認問題　86

PART 3　自閉スペクトラム症（ASD）のアセスメントの基本を学ぶ

0 はじめに：講義の概略　92

1 ASD の各ライフステージにおける行動特徴　95

1	DSM における ASD の判断のポイント	95
2	幼児期早期の ASD の行動特徴	95
3	幼児期後期の ASD の行動特徴	97
4	児童期から成人期の ASD の行動特徴	98

2 アセスメントレベルのスクリーニングと評価　101

1	ASD のアセスメントのレベルとは	101
2	それぞれのレベルの代表的なアセスメントツール	103
3	アセスメントの精度：感度と特異度	103
4	アセスメントツールのカットオフの意味	105

3 ASD のスクリーニングツール　107

1	一次スクリーニングのアセスメントツール	107
2	二次スクリーニングのアセスメントツール	110
3	スクリーニングと「短縮版」	113

4 ASD の診断・評価ツール　115

1	欧米の ASD 診断・評価のゴールド・スタンダード	115
2	ADI-R	115
3	ADOS-2	116

5 包括的アセスメントを行なうために　120

| 1 | 包括的アセスメントとは | 120 |
| 2 | 包括的アセスメントのために | 121 |

6 アセスメントから始まる支援　129

1	アセスメントのプロセスを通じて	129
2	アセスメント結果のフィードバック	130
3	ASD の支援におけるポイント	131
4	定期的なアセスメントの必要性	132
5	アセスメントに基づく支援の提案	132
6	ASD をアセスメントするために	136

PART 3 確認問題　138

PART 4 自閉スペクトラム症（ASD）の理解と支援の基本を学ぶ

0 はじめに：講義の概略　146

1 ASD の理解と支援に役立つ基礎知識　148

1. 通常学級の中の発達障害　148
2. 発達障害の概念とその変化　149
3. ASD の診断基準の変化：カテゴリーからスペクトラムへ　150
4. ASD の概念の広がり　152
5. ASD の発生率の変化　153
6. 成人期の診断の増加　154
7. ASD の性差と危険因子　154
8. ASD の併存疾患　155

2 ASD の行動の特徴　157

1. 社会的コミュニケーションおよび対人的相互反応における障害の社会的コミュニケーションの障害　157
2. 社会的コミュニケーションおよび対人的相互反応における障害の対人的相互反応の障害　158
3. 限定した興味と反復行動　160

3 ASD の認知の特徴　162

1. ASD を理解するための 3 つのレベル　162
2. ASD の 3 つの認知仮説　163
3. 心の理論　163
4. 中枢性統合理論　167
5. 実行機能の障害　170
6. ASD の認知特性のまとめ　174

4 ASD の基本的な支援方法　176

1. ASD 支援の基本姿勢　176
2. ASD 支援の種類　177
3. ASD 支援の過程　177
4. ASD 支援のための心理学的介入法　178
5. 構造化　179
6. 応用行動分析　185

7	認知行動療法による感情制御　187
8	家族への介入の重要性　188
9	PART 4 のまとめ　190

PART 4 確認問題　192

付録　発達障害に関する法律　199

引用・参考文献　205

索　引　209

PART 1

心理職のための
発達障害の診断入門

臨床心理職のアセスメントにおいて必須となっているDSM-5において神経発達症群に位置づけられ，その下位分類も再構成された発達障害の新しい分類と，その概念を正しく理解する道筋を体系的に解説します。

講義

桑原 斉
埼玉医科大学医学部　教授

0 はじめに：講義の概略

1. 心理職が，診断を学ぶ意味

　本章ではまず，心理職のための**発達障害**[01]の診断入門ということで，PART 1でお伝えする内容の全体像をお伝えします。

　ただ，その前に確認すべきことがあります。それは，日本の**心理職**[02]は基本的に**診断**[03]を行なうことができないという点です。欧米の心理職は診断を行なうことがありますが，日本の場合は保健医療や資格の設定上，心理職が診断を行なうことはできません。心理職としての専門的な知識があれば，おおむね診断はできると思われますが，現状の日本の制度では，診断は医師の専権事項になっています。

　そこで，「医師がどのようなプロセスを経て診断しているのか」を心理職の方々と共有することを，本講義では重視したいと思います。医師の思考プロセスを知ることで，医師と心理職でお互いに情報を共有しながら効率のよい支援ができればと思います。

2. 本講義の構成

　本講義は次のような流れで進めていきます。まず「1　総論」で神経発達症群全般の話をします。神経発達症群とは，現時点では発達障害全般の話だと思ってください。次に，それぞれの疾患について話していくというような流れで進めていきます。

　「発達障害」という概念は，さまざまな人がさまざまな定義をしており，実に定義があいまいです。最近出版されたものの中で，唯

❗ たとえ診断ができなくても医師の診断プロセスを知ることは大切！

 講義メモ

01 発達障害　発達障害とは，子どもの発達期に発見されるさまざまな障害のことを指す。代表的な障害に，自閉症やADHDがある。だが，何をもって発達障害とみなすかは，さまざまな見解がある。詳細は「1　総論」を参照。
02 心理職　本書で想定されている「心理職」とは，主に国家資格「公認心理師」を指す。なお，心理職として代表的なものに，日本臨床心理士資格認定協会の民間資格「臨床心理士」があげられるが，臨床心理士も公認心理師と同様に，病名診断を行なうことはできない。
03 診断　医師が患者を診察して，病気・障害の種類を特定すること。心理職は診断ができないため，「発達障害の疑いがある」と見立てを述べることはできるが「発達障害である」と診断を述べることはできない。
04 DSM-5　DSMとは，アメリカ精神医学会が発表した，精神疾患の分類と診断マニュアルのこと。DSM-5はその最新版で，DSM-IVから自閉症やアスペルガー障害などをまとめて自閉スペクトラム症と呼ぶなど，多くの変更がなされ，注目を集めた。

一オフィシャルと言えるものが，DSM-5[04]（APA, 2013 日本精神神経学会監修 2014）の**神経発達症群**[05]（Neurodevelopmental Disorders）という概念です。そこで，「1 総論」では，DSM-5 における神経発達症群と発達障害の概念について述べていきます。

また，「1　総論」では診断における「**基本的な原則**」をお伝えしていきます。医師はただ単に疾患診断をするのではなく，フォーミュレーションという考え方や包括的評価という考え方も含めて診断する必要があります。このように，さまざまな発達障害の診断に共通する「基本的な原則」について，まず確認しておきましょう。

「2　**知的能力障害群**」では，いわゆる知的障害，少し前までは精神遅滞と呼ばれていた障害を扱います。「3　**コミュニケーション症群**」では，コミュニケーションにかかわる雑多な発達障害という感じの障害群を扱います。かなり質的に異なるさまざまな病態を統合して「コミュニケーション症群」と呼んでいるので，共通する病態は多くありません。このように，便宜的にコミュニケーション症群と呼んでいる発達障害について解説していきます。

「4　**自閉スペクトラム症**」[06]では，いわゆる ASD について，「5　**注意欠如・多動症**」[07]では，いわゆる ADHD についてお伝えします。

「6　**限局性学習症**」[08]では，まず，いわゆる学習障害についてお伝えします。本文でも詳しくお伝えしますが，この限局性学習症（学習障害）という概念は，正しく理解されていないことがあります。たとえば教育系の方々が「学習障害」と述べた場合，限局性学習症以外のさまざまなものを含んでいることが多くあります。また，本によっては明らかに学習障害ではなく，ASD（自閉スペクトラム症）や ADHD（注意欠如・多動症）について語っているとしか思えない記述もあります。いわゆる医学的な意味での限局性学習症は，かなり限定された概念であるため，その部分を詳しく解説します。

次に「7　**運動症群**」ですが，発達性強調運動症と常同運動症とチック症群の３つを含む概念が，運動症群です。また，このチック症群の中にトゥレット症，持続性運動または音声チック症，暫定的チック症というものが含まれてきます。

なお，チック症群を発達障害に含むかどうかには，さまざまな議論があります。このことは，発達障害をどう定義づけるかによって，変わってきます。ただ DSM-5 において，発達障害は「神経発達症群」という分類に集約されており，その神経発達症群の中にチック症群が含まれているため，発達障害と呼んだときにチック症群を入れてもかまわないだろうと，今のところ私は考えています。

またここでは，「他の神経発達症群」という概念も扱います。概念といっても１つに定まった明確な概念ではありません。これは，発達障害に限らずすべての精神疾患に

宮川　純（河合塾 KALS 講師）

---

05 神経発達症群　DSM-5 における分類の一つ。知的能力障害，自閉スペクトラム症，ADHD など，いわゆる「発達障害」と呼ばれている障害は，DSM-5 において，この「神経発達症群」に記載されている。

06 自閉スペクトラム症　Autism Spectrum Disorder：ASD　いわゆる「自閉症」は，この「自閉スペクトラム症」のことを指す。DSM-5 において，これまで自閉性障害，アスペルガー障害などに分類されていた障害が，自閉スペクトラム症として統合された。

07 注意欠如・多動症　Attention-Deficit/Hyperactivity Disorder：ADHD　なお「注意欠陥・多動性障害」と呼ばれていたが，DSM-5 より「注意欠如・多動症」と呼ばれるようになった。

08 限局性学習症　Specific Learning Disorder「学習障害」「LD」と呼ばれていたが，DSM-5 より「限局性学習症」「SLD」と呼ばれるようになった。

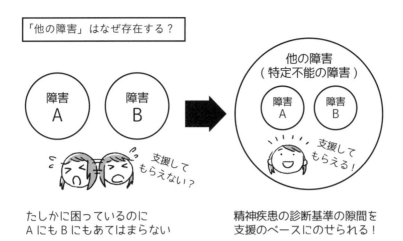

言えることなのですが，必ず診断の枠にはまらない人が出てきます。逆に言えば原因も病態も症状も，すべてが明らかになっている精神疾患は，事実上まったくないと言えるでしょう。そのため，精神疾患の診断基準の隙間が必ず生じてしまいます。診断基準は満たさないが，類似した病態や症状は明らかに出ており，本人たちはとても困っている。しかし基準だけで判断すると，こぼれ落ちてしまうのです。そこで，そういう方々を支援のベースに乗せるために「他の〜」という概念がセットされていると考えることができます。

PART 1は，以上のような順序で，発達障害の診断に関するさまざまな話題をお伝えしていきます。

1 総論：神経発達症群

1 発達障害の定義

本章では総論として，発達障害全般の話をしていきます。

前章でも少し触れましたが，発達障害はさまざまな人や機関が独自の定義づけを行なっており，定義があいまいです。たとえば，**発達障害者支援法**[01]における発達障害とは，自閉スペクトラム症やADHDを中心とした概念です。しかし，法律的には自閉スペクトラム症やADHDなどに限定されないという書かれ方をしているので，いろいろな解釈の仕方ができるとも言えます。特に発達障害者支援法に沿った支援のうえで一番問題となるのが，知的能力障害（知的障害）の扱いです。

もともと発達障害者支援法は，先に成立していた**知的障害者福祉法**[02]に対するバランスをとるために作られた経緯があるため，発達障害者支援法では，あえて知的能力障害に触れていません。知的能力障害に対するサービスは知的障害者福祉法のもとに行なうということが前提で発達障害者支援法が作られたため，一部の発達障害者支援施設で，知的能力障害は取り扱ってもらえない，ということがあります。また精神障害者がもつ**精神障害者保健福祉手帳**というものがありますが，発達障害者手帳というものは存在しません。発達障害者のもつ手帳は，精神障害者保健福祉手帳なのです。

さらに**障害者差別解消法**[03]という法律に目を向けると，ここでいう障害者という概念は，聴覚障害や視覚障害，肢体不自由の身体障害から，精神障害・発達障害まで横並びで規定されたものです。障害者差別解消法の施行に伴い注目された言葉に，**合理的配慮**[04]と呼ばれるものがありますが，精神障害や発達障害に適切な合理的配慮を提供するためには，聴覚障害や視覚障害，身体障害に提供する合理的配慮とは違うロジックで考えていく必要があるはずです。しかし障害者差別解消法では，聴覚障害や視覚障害，身体障害と同様に，精神障害や発達障害も，とりあえず同じ「障害者」として扱われてしまっています。

これらのことは，発達障害が明確に定義づけられていないことの表れと考えられます。

講義メモ

01 発達障害者支援法 発達障害者の心理機能の適正な発達及び円滑な社会生活の促進のために支援を行うための法律。2004（平成16）年施行。以下に，発達障害者支援法における発達障害の定義を示す箇所を抜粋する。第二条　この法律において「発達障害」とは，自閉症，アスペルガー症候群その他の広汎性発達障害，学習障害，注意欠陥多動性障害その他これに類する脳機能の障害であってその症状が通常低年齢において発現するものとして政令で定めるものをいう。

02 知的障害者福祉法 知的障害者の自立と社会経済活動への参加を促進するため，知的障害者を援助するとともに必要な保護を行い，もって知的障害者の福祉を図ることを目的とする法律。1960（昭和35）年施行。

03 障害者差別解消法 全ての国民が，障害の有無によって分け隔てられることなく，相互に人格と個性を尊重し合いながら共生する社会の実現に向け，障害を理由とする差別の解消を推進することを目的とする法律。2016（平成28）年施行。

04 合理的配慮 障害をもつ人々の人権が保証され，教育・就労など社会生活において平等に参加できるよう，各々の障害特性や困難に応じて行なわれる配慮のこと。障害者差別解消法により，この合理的配慮の提供が，行政・学校・企業などに求められるようになった。

PART 1 心理職のための発達障害の診断入門

2 DSMと発達障害，神経発達症群

このように発達障害の定義は非常に不明確です。このような現状で，「発達障害とは？」という問いに対して，比較的明確な定義があるとすれば，それはDSMによる定義ではないかと考えられます。そこでここからは，DSMとは何かについて確認しましょう。

DSM（Diagnostic and Statistical Manual of Mental Disorders）とは精神疾患の診断・統計マニュアルのことです。基本的に精神疾患の診断に関するルールブックだと思ってください。

では，なぜDSMのような診断に関するルールブックが必要なのでしょうか。実は，実際に臨床を行なううえで，ルールブックを無視して自分で診断を作ってしまう精神科医が多くいます。「俺の中のADHDはさぁ…」とか「俺的には統合失調症だよね」みたいなことを平気で話してしまう人もいます。極端な話ですが，一人で治療して，一人で解決して，それで患者さんに利益を還元できるのなら「自分独自の診断」でも問題はないのかもしれません。

ただ，発達障害の支援に対して精神科医ができることは少なく，微力でしかありません。ですから心理職も含めた支援チーム全体で，共通理解をもたなければなりません。支援チーム全体が「これは自閉スペクトラム症だよね」とか「これはADHDと言えるよね」という，共通してイメージできる概念がないと，支援の方向性・ベクトルが歪んでいってしまうのです。結果として，患者さんに利益を還元できなくなってしまいます。そういうことが起きないために，DSMに書いてあることに従うのが，共通理解を得るためのルールと言えます。

しかし，DSMは非常に批判されることが多いのも事実です。DSMに限らず，マニュアルというものは批判されることが多いのですが，簡単に批判する人ほど，マニュアルを読み込んでいなかったり，マニュアルの正しい運用の仕方を考えないで批判していたりすることが多いように思われます。ある程度マニュアルを読み込んで，できるだけ運用するための努力をしたうえで，不十分なところを工夫で補うのが正しい姿勢かと思われます。

以上のことから，本講義ではDSMの最新版であるDSM-5に基づいた話を進めていきます。そして今回の講義の中では発達障害を，先ほどお伝えした発達障害者支援法などの定義ではなく，DSM-5で規定される**神経発達症群**と定義づけます[05]。DSM-5における神経発達症群の定義はシンプルで「発達期に発症する一群の疾患である」というものです。主な構成は次に示す6つと他の神経発達症群ということになります。

講義メモ

05 知的能力障害の扱い 知的能力障害を発達障害に含めないという考え方もあるが，DSM-5における神経発達症群には知的能力障害が含まれているため，本書では，知的能力障害を発達障害として扱っていく。

1．知的能力障害群
2．コミュニケーション症群
3．自閉スペクトラム症
4．注意欠如・多動症
5．限局性学習症
6．運動症群
　　＋他の神経発達症群

3　診断の原則

　次に診断の原則についてお伝えしていきます。発達障害を診断して支援するうえで，これだけのことは外せないだろうということをお伝えしていきます。その「外せないこと」が次の4つの診断の原則です。

A　症状
B　症状による障害
C　発達期
D　他の疾患で説明

　まず基本となるのが「A　症状」です。診断にあたってはまず，DSM-5に記載された症状が見られるかを拾っていきます。ただ，そのことは当たり前のことであって，単に症状を拾っていくだけではいけません。

　重要となるのは，「B　症状による障害」が見られるかです。後から詳しくお伝えしますが，この部分がないと障害のカットオフ[06]が不明確になります。症状の重症度でカットオフを引くという試みもあるのですが，症状の重症度を判断するのはとても難しいものです。実践では，困っている人，困難を抱えている人は障害・疾患とみなそうという考えになってきています。

　次に，「C　発達期」であること。神経発達症群に関しては，必ず「発達期に生じた疾患である」というニュアンスの項目がついています。

　最後に，「D　他の疾患で説明」できないということ。この部分も非常に重要です。ある症状が，別の精神疾患や身体疾患でも説明できる，ということは十分に考えられます。たとえば，ある症状がXという疾患で説明できているのに，あえてYという疾患で説明する必要はあるのか，ということを確認します。つまり鑑別診断[07]をきちんと行なうということです。

　ここまでのプロセスを行なうことではじめて，意味のある診断ができる

講義メモ

06 カットオフ　特定の疾患や障害に該当するか否かを判断すること。たとえば知的能力障害の場合，知能指数が70以下であるか否かが，カットオフの一つの目安となる。

講義メモ

07 鑑別診断　考えられる複数の障害・疾患を比較しながら，合理的に特定すること。

と考えられます。では，このA〜Dのプロセスを，もう少し詳しく紹介することにしましょう。

1.「A　症状」

まず**症状**です。基本的にDSMは**操作的診断基準**と呼ばれており，マニュアルに従って症状を項目別に拾っていけば，自動的に診断がつくと考えられています。ただ，先ほど述べたようにDSMの一つひとつの症状項目は記述的[08]であり，カットオフをどこに置くかは，かなり難しいです。今後も，症状項目ごとに厳密で論理的なカットオフを設定することは難しいでしょう。

では，そのような中でDSMをどのように運用すればよいのでしょうか。この点についてさまざまな考え方があると思われますが，原則的に症状の幅を広くとるべきと考えます。たとえば自閉スペクトラム症を診断していくうえで，自閉スペクトラム症には症状項目が7つ[09]あるのですが，一つひとつの症状項目にあてはまるか否かの基準を，かなり幅広くとるのです。単純に，考えなしに症状の幅を広くとることは，もちろんよいことではありません。しかし，症状の幅を広くとらないことで，困っている人が診断からこぼれ落ちてしまうことがあります。困難を抱えている人を診断から落とさないためにも，症状の幅は広くとるべきだと考えています。

しかし今度は，症状の幅を広くとると「見境なく障害の診断が下されてしまうのではないか？」と考える人もいるでしょう。しかし，決してそうではないことを，次に説明します。

ポイント1　「症状」

・操作的ではあるが，限界はある
・原則的には症状の幅は広くとる
　▶ チェックリスト診断の批判

2.「B　症状による障害」

先ほどお伝えしたように，基本的に症状の幅は広くとりますが，これから紹介する**症状による障害**というところで，厳密に絞り込みます。

症状による障害とは，「その症状は，社会的，職業的，他の重要な領域に臨床的に意味のある障害を引き起こしている」という項目のことです。具体的には，症状によって患者が本当に困っているかを判断することです。ただ，これは簡単なことではありません。患者の全体像がわかっていない

講義メモ

08 記述的　文章で表現されていること。たとえばDSM-5における知的能力障害の診断基準の一つは「A. 臨床的な評価および個別化，標準化された知能検査によって確かめられる，論理的思考，問題解決，計画，抽象的思考，判断，学校での学習，および経験からの学習など，知的機能の欠陥」と表現されている。カットオフの判断にあたり，定量的な検査の場合は特定の値を超えたか否かで判断すればよいが，DSMのように記述的な診断基準の場合，カットオフの判断が難しい。

09 自閉スペクトラム症の7つの項目
・相互の対人的−情緒的関係の欠落
・対人的相互反応で非言語的コミュニケーション行動を用いることの欠陥
・人間関係を発展させ，維持し，それを理解することの欠陥
・常同的または反復的な身体の運動，物の使用，または会話
・同一性への固執，習慣への頑なこだわり，または言語的，非言語的な儀式的行動様式
・強度または対象において異常なほど，きわめて限定され執着する興味
・感覚刺激に対する過敏さまたは鈍感さ，または環境の感覚的側面に対する並外れた興味

と,本当に神経発達症群の症状が原因で障害をきたしているのか,別の症状,たとえば合併しているうつ病のためにその障害をきたしているのか,判断できないからです。

ただ,患者が症状のために困っているからこそ,症状に介入する「価値」が生まれます。ですから,症状によって患者が困っているか否かを判断することは,非常に重要なことです。

また,子ども本人にとっても家族にとっても,発達障害の診断を受けること「そのもの」が苦痛です。発達障害に対するさまざまなスティグマ[10]も残念ながら存在するので,発達障害の診断を告げると,子どもも家族も,大きなショックを受けますし,非常につらい思いをするというのは,よくわかります。ですから,診断して伝えることに「**価値**」がなければなりません。発達障害を診断することにより「ここに介入したら,もっといいことがあるよ」と伝えられることが重要です。子ども本人や家族が診断を受け入れる苦痛に見合う「価値」を提供できなければならないでしょう。

ですから,症状項目自体は幅広くとって,そして症状から診断を告げる「価値」があることをきちんと判断したところで,はじめて発達障害であると診断することになります。そのためには,包括的な評価が必要です。この包括的な評価については,また後ほど「フォーミュレーション」という考え方を使って詳しく説明します。

講義メモ
10 スティグマ 社会が個人に一方的に押しつける否定的な印象のこと。負の烙印。

その診断を告げる「価値」はあるか!?

PART 1 心理職のための発達障害の診断入門

> **ポイント2** 「症状による障害」
>
> ・その症状は，社会的，職業的，または他の重要な領域における現在の機能に臨床的に意味のある障害を引き起こしている
> ・介入の価値のある症状がある
> ・診断することに価値がある
> > ▶ 本人・関係者が診断を受け入れる苦痛に見合う価値を提供できる
> ・包括的な評価に基づく慎重な判断の必要性

3.「C 発達期」

次に**発達期**についてです。神経発達症群は，基本的に子どもの発達期に症状が存在していなければなりません。ただここで，**社会的要求**という概念に注目する必要があります。ある程度の年齢まではそれほど困っていなかったけれども，社会から要求される活動が高度になったところで，障害として困り始めるという人が，実はたくさんいます。ですから，社会的要求が能力の限界を超えるまでは，症状は完全に明らかにならないかもしれません。そのため，発達期に診断がついていなかったからといって，大人になってからの診断[11]を否定する必要はないと思われます。

> **ポイント3** 「発達期」
>
> ・症状は発達期に存在していなければならない
> ・社会的要求
> > ▶ 社会的要求が能力の限界を超えるまでは症状は完全に明らかにならないかもしれない

4.「D 他の疾患で説明」

最後に，**他の疾患ではうまく説明できない**ということを証明しなくてはなりません。そのためには，さまざまな疾患の知識をもっている必要があります。発達障害だけの知識だと，すべてを説明できないかもしれないからです。特に大人になると，うつ病や統合失調症など，他の精神疾患すべての知識がないと，正確な診断はできないと思われます。

> **ポイント4** 「他の疾患で説明」
>
> ・その症状は，他の疾患ではうまく説明されない

講義メモ

11 大人になってからの診断
たとえば大人になってからADHD（注意欠如・多動症）という診断を受ける場合がある。これは，子ども時代も多動性や衝動性などのADHDの特徴を有していたが，それほど困難を示しておらず，成長に伴って社会的要求が変わってきたことにより，困難が現れ始めた一例であると考えられる。

ここまでのまとめ

たとえば、コミュニケーション症群の一つ「語音症」の判断の基準は…

A. 語音の産出に次のような持続的な困難さがある。
・会話のわかりやすさを妨げる
・言語的コミュニケーションによる意思伝達を阻む

これが「症状」　幅を広めにとりましょう

B. その障害は効果的なコミュニケーションに制限をもたらし、次のうちの1つまたは複数を妨げる。
・社会参加
・学業成績
・職業的能力

で、これが「症状による障害」

ここの判断が重要!!

C. 発達期早期に症状が始まった。

これが「発達期」で…
こっちが「他の疾患で説明」の話ですね

D. その困難さは、次の原因によるものではない。
・先天性の疾患（脳性麻痺、口蓋裂、聾、難聴など）
・後天性の疾患
・頭部裂傷
・他の医学的疾患または神経疾患など

そのとおり！これらがそろってはじめて診断となるんだ

4　フォーミュレーションと包括的な評価

最後に「症状による障害」のところで述べた「包括的な評価」について、フォーミュレーション[12]という概念を使って、もう少し詳しくお伝えします。

フォーミュレーションとは、問題や困難がどのように形成されているかを、幅広い視点で理解していくことです。幅広い視点とはどのようなことか、表1-1に具体的に示していきます。

講義メモ

12 フォーミュレーション
認知行動療法でも同様の言葉が用いられるが、本章で用いられるフォーミュレーションとは視点が異なる。具体的には、認知行動療法の理論では「感情」「認知」「身体」「行動」に分類して理解することに対し、本章におけるフォーミュレーションはICF（後述）に基づく視点で分類して理解する点で異なる。

表 1-1 フォーミュレーションの幅広い視点（障害者福祉研究会，2002 を参考に作成）

I	精神疾患：他の発達障害がないか，うつ病などを併発していないか評価して，チェックする。
II	精神機能：心理検査などの結果から，認知や情動，動機づけの状態をチェックする。
III	身体疾患：身体疾患の有無と，その内容をチェックする。
IV	身体機能：視覚や聴覚，運動の機能障害がないかなど，身体機能についても評価してチェックする。
V	背景因子： ・個人因子…虐待を受けていたかなど，今までにどのような経験をしてきたのかを評価する。そして，これからどんな介入ができるか，本人にとってのストレスは何か，自己肯定感の状態はどうか，自己評価を保っている要素は何か，などを評価する。 ・環境因子…周囲にどんな環境があるか，どんな人がいるか，どんな制度を用いることができるか，その中でどのような支援を適用して，支援を調整していけるか，などを評価する。
VI	能力・実行状況 ・活動…移動，学習，会話・交流，作業などをこなせるか，セルフケアが可能か否かなどを評価する。 ・参加…教育に参加できているか，仕事ができているか，経済面は大丈夫か，家庭生活はどうか，余暇はどうか，対人関係はどうか，ということを一通り評価していく。

このように，患者の全体を評価していきます。もちろん困難だけでなく，大丈夫な部分を評価することも大事です。

そして図 1-1 は，ICF[13] が想定している構成要素間の相互作用を表した

講義メモ

13 ICF International Classification of Functioning の略称。国際生活機能分類と訳される。2001 年に世界保健機関（WHO）によって採択された。障害の有無のみではなく，社会的活動や，周囲の環境など，生活機能や障害の状況を広い視点で分類することで，効果的な支援につなげることを目的としている。

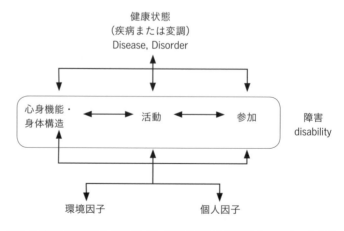

図 1-1 ICF の構成要素間の相互作用（障害者福祉研究会, 2002 より作成）

図です。図 1-1 と DSM-5 を対応させてみます。

DSM-5 に記載されている「症状」は，基本的に図の「健康状態」の部分です。そして「症状による障害」が，図の「障害」の部分です。つまり，心身機能・身体構造，活動，参加の部分で，実際に何ができないのかを表しています。この「症状による障害」を「症状」と切り分けて，きちんと評価していくことが大切なのです。

5　フォーミュレーションが求められる理由

このようなフォーミュレーションに基づく包括的な評価は，正確な疾患診断にも，介入にも必要です。

たとえ発達障害（神経発達症群）と診断したところで，発達障害の症状そのものを治療することは現在のところ困難です[14]。そのため，フォーミュレーションによる理解を用いて，周りで何が起きているかを包括的に評価し，どんなトレーニングを提供するべきなのか，どんな配慮を提供するべきなのかを判断できないと，診断した「価値」がなくなってしまいます。

症状だけを見て「あなたは自閉スペクトラム症ですよ」ということを伝えても無駄な話です。「あなたは自閉スペクトラム症で，それゆえに周りでこんなことが起きているから，このようにしましょう」というところまで伝えられなければいけません。ここまで伝えられなければ，子どもや家族・関係者が診断を受け入れる苦痛に見合う「価値」を提供できたとは言えないでしょう。

> **講義メモ**
>
> **14 発達障害の「治療」**　たとえば自閉スペクトラム症児のコミュニケーションの困難さを，薬物などを用いて「治療」することは現在のところ困難である。このように発達障害の多くは，その症状を根底から「治療」することは難しい。そこで発達障害児の支援は，個々の特徴に合わせて暮らしやすい環境を作り，適応力を育てることで困難を軽減していく「療育」が基本となっている。

ポイント5　フォーミュレーションが求められる理由

- 包括的な評価
    - ▶ 正確な疾患診断に必要
    - ▶ 介入に必要
- 神経発達症群の疾患診断のみでは，介入戦略を立てることが難しい

以上で総論を終わります。次章からは，これまでの話をふまえて，実際にどんな疾病概念があるかいうことをお伝えしていきます。

まとめ

- 発達障害の定義は不明確だが，比較的明確な定義として DSM に基づく「神経発達症群」があげられる。
- 発達障害（神経発達症群）の診断の原則は「症状」「症状による障害」「発達期」「他の疾患で説明」の 4 つがあげられる。
- 子ども本人や家族・関係者が診断を受け入れることは，苦痛である。この苦痛に見合うだけの「診断の価値」を提供するためにも，フォーミュレーションに基づく包括的な評価が必要となる。

知的能力障害群

1 知的能力障害群とその定義

知的能力障害群には以下の3つが含まれています。

・知的能力障害
・全般的発達遅延
・特定不能の知的能力障害

知的能力障害群の理解にあたり，知的能力障害がどのように定義されているかを知っておくことが重要です。それは知的能力障害が，他の神経発達症群（発達障害）とは異なる，変則的な定義の仕方をしているためです。
まず名称を，他と比べてみます。

・知的能力障害　Intellectual Disability
・自閉スペクトラム症　Autism Spectrum Disorder
・注意欠如・多動症　Attention-Deficit/Hyperactivity Disorder

他の神経発達症群には「Disorder」がついているのに対し，知的能力障害だけは「Disability」がついています。また，知的能力障害だけは，前章で触れた診断の原則のうち「症状による障害」という項目と「他の疾患で説明」という項目が存在していません。これは何を表しているのでしょうか。

前章図1-1で紹介したICFの構成要素間の相互作用の図を，もう一度見てみましょう。

多くの精神障害は，ある種の「健康状態」，つまり疾患または変調を想定したうえで，結果として障害をきたしているものを，精神障害としています。ただ，知的能力障害はまず心身機能・身体構造の部分にインペアメント[01]があって，かつ何らかの活動や参加の制限があれば，それをもって知的能力障害と定義するというかたちになっています。

つまり，他の障害がICFにおける「健康状態」が基準であるのに対し，

 講義メモ

01 インペアメント (impairment)
心身の機能が異常をきたすこと。「機能障害」と訳されることもある。なお，インペアメントの結果，さまざまな能力の低下が起こることをディスアビリティ（disability）と呼び，区別する。

知的能力障害はICFにおける「障害」の部分が基準になっているのです。ですから他の障害は「Disorder」ですが，知的能力障害は「Disability」になっています。このような点で，知的能力障害はイレギュラーな定義と言えます。

2　知的能力障害

では，知的能力障害の診断について，もう少し詳しくお伝えしていきます。まず知的機能について，知能検査でIQ[02]が70±5以下ぐらいという点については基本的に変わりませんが，重症度を適応機能別に分けて考える点で，DSM-IVから大きく変わりました。

DSM-IVでは，知的機能別に重症度を分けていました。また，日本の手帳システム[03]も知的機能で重症度を分けています。IQ70〜50ぐらいは軽度で，IQ50〜35ぐらいは中等度で，IQ35〜20は重度で，IQ20以下は最重度といったかたちで決まっています。

ただDSM-5からは適応機能別に重症度[04]を特定することになりました。これは従来のようにIQで示される知的機能ではなく，「どの程度困っているか」という点で，重症度を特定するということです（詳しくは，APA, 2013 日本精神神経学会監修 2014, pp.39-40 を参照。なお，この文献は以後，DSM-5, 2014 と表記する[05]）。

しかし，手帳を発行する側の役所の職員たちは，重症度の判断をIQのような知的機能で判断したほうが，実践的でわかりやすくて，不公平感が出なくてよいと考えるでしょう。もしこれから「適応機能で重症度を評価

講義メモ

02 IQ　知能指数。知的能力を，100を平均値として数値化したもの。

03 手帳システム　知的能力障害（知的障害）児には，都道府県知事より「療育手帳」という手帳が発行される。ただし，療育手帳は法で定められた手帳ではないため，都道府県によっては名称が異なる場合がある。

04 適応機能別の重症度　具体的にはDSM-5では「概念的領域」「社会的領域」「実用的領域」の3つの領域に対して，重症度（軽度，中等度，重度，最重度）を特定する。（参考）「社会的領域」の重症度　軽度：定型発達の同年代に比べて，対人的相互反応において未熟である。中等度：社会的行動およびコミュニケーション行動において，発達期を通じて同年代と明らかな違いを示す。重度：話し言葉は語彙および文法に関してかなり限られる。最重度：会話や身振りにおける記号的コミュニケーションの理解は非常に限られている。

05 DSM-5のページ記載　DSM-5には小冊子と大型本の2種類がある。本書に記載のDSM-5のページ数はすべて大型本のものである。

	従来	DSM-5（例）「社会的領域」
軽度	IQ70〜50	対人相互反応における未熟さ
中等度	IQ50〜35	社会的行動の明らかな違い
重度	IQ35〜20	語彙・文法に関する制限
最重度	IQ20以下	記号的コミュニケーションの制限

こっちは
わかりやすい

こっちは
大変そう…！

大切なこと
なんだけどね

しなさい」ということになったら，おそらく現場が混乱するだろうと思われます。ただ福祉の現場は，基本的にDSMではなくICD[06]を使っていることもあり，現場の重症度の判断が，いきなりすべてDSM-5基準に変わることはおそらくないと思われます。

> **講義メモ**
> **06** ICD　世界保健機構（WHO）による「国際疾病分類（International Classification of Disease：ICD）」を指す。ICDは精神障害だけを対象にした分類ではなく，全般的な疾病・障害を分類している。

3　全般的発達遅延

次に，**全般的発達遅延**です。5歳未満で，知的機能の発達の里程標[07]に至っておらず，標準的な検査を施行できない場合に，全般的発達遅延とする，と考えられています（詳しくは，DSM-5, 2014, p.39を参照）。

> **講義メモ**
> **07** 里程標（りていひょう）物事の発展の一過程を示す印のこと。マイルストーンとも言う。

4　特定不能の知的能力障害

5歳以上でも，精神疾患や身体障害のために，評価を行なうことが困難な人がいて，その場合は**特定不能の知的能力障害**という名前をつけます。うまく評価ができず，自信をもって知的能力障害であるとは言えないが，知的能力障害に準じた支援をすることが，その人たちにとって価値があるだろうという方々のために，診断基準として残してあるようです。

まとめ

- 知的能力障害群には，知的能力障害と全般的発達遅延と特定不能の知的能力障害の3つが含まれている。
- 知的能力障害は，DisorderではなくDisabilityであり，他の神経発達症群とは診断の原則などが異なる。
- 知的能力障害は，DSM-5以降，適応機能別の重症度の判断が求められる。

コミュニケーション症群

1 コミュニケーション症群の構成

本章では**コミュニケーション症群**についてお伝えしていきます。この中には種々雑多な疾患群が含まれており，次のような構成になっています。

・言語症
・語音症
・小児期発症流暢症
・社会的コミュニケーション症
・特定不能のコミュニケーション症

では，このコミュニケーション症群について，一つずつ説明していきましょう。

2 言語症

言語症は，昔で言うところの言語遅滞です。特に，「知的能力障害ではないが，言葉の遅れだけはある」という方々のための概念です。主な特徴は次のとおりです（詳しくは，DSM-5, 2014, p.40 を参照）。

症状：言語理解または言語産出の欠陥
　（1）語彙
　（2）構文
　（3）話法
症状による障害：言語能力は本質的かつ量的に低い

言葉の遅れとは，語彙が少ないことや，文法をうまく使いこなせないこと，会話や表現のために文章をうまくつなげないことなどを表します。ただ，何をもって「言葉が遅れている」とみなすかという，カットオフの

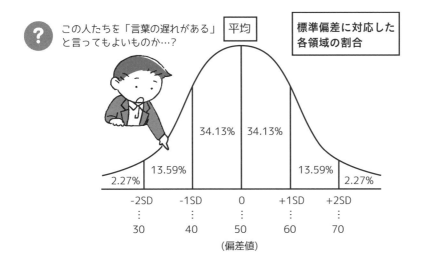

基準がDSMでは明確に書かれていない点が悩ましい点です。言語検査[01]の結果，言語的な能力が-2SD[02]を切っており，知的能力障害ではない方は，言語症と診断しても問題ないかと思います。言語的な能力が-1SDから-2SDぐらいの人に，あえて言語症と診断するかどうかは非常に難しいところです。この場合，「症状による障害」の項目に「言語能力は本質的かつ量的に低い」ということが書いてあるため，言語能力のために本当に困っていたら診断するかもしれない，という概念ととらえています。実際に療育施設でどうやって言語症を診断していくかというと，まず知的能力障害であるかないかを評価します。知的能力障害ではないとわかったら，次にASD[03]かどうかを評価します。知的能力障害でもASDでもないのに言語の遅れがあるならば，その人に支援が必要であることを表すキーワードとして，言語症という診断をします。

一方で，ASDがあった場合に，言語症の診断はどうするのでしょうか。ASDの診断があれば，基本的にビジュアライズした支援[04]を周りが行なうでしょうし，言語的に困っていたら簡単な問いかけをしたり，本人の言っていることを理解できるように周囲が配慮したりする，というのは当たり前のように行なわれるので，ASDに対して，あえて言語症の診断を付加する意義は，あまりないように思われます。

3 語音症

次に**語音症**です。いわゆる構音障害[05]の方々を指します。
語音症（構音障害）の方々に対して，精神科医はほとんど無力です。ご

講義メモ

01 言語検査 代表的な言語検査に，ITPA言語学習能力診断検査，国リハ式＜S-S＞法言語発達遅滞検査などがある。

02 SD Standard Deviation，標準偏差。平均からどの程度離れているかを表す値のこと。
・-2SD以下…全体の約2％
・-2SD～-1SD…全体の約14％
・-1SD～0SD（平均）…全体の約34％
・0SD（平均）～1SD…全体の約34％
・1SD～2SD…全体の約14％
・2SD以上…全体の約2％
つまり「言語能力が-2SDを切っている」とは，言語能力が下位2％以下であることを示している。

03 ASD 自閉スペクトラム症のこと。詳細は次章を参照。

04 ビジュアライズした支援 ASDの多くはコミュニケーションの困難を示すため，ASDに対する支援は，言葉だけで伝えようとするのではなく，目で見て理解できるように支援することが基本である。

05 構音障害 正しく発音することに困難をもつ障害。「がっこう」を「だっこう」と発音してしまうことが例としてあげられる。

家族や周りの人に,「聞き取りにくいかもしれませんが, 話を理解するための努力をして, 本人がコミュニケーションをする気持ちを失わないようにしてくださいね」と説明するぐらいしかできません。

しかし語音症は, **言語聴覚士**[06]に依頼してトレーニングしてもらうと, 良くなることがあります。ですから, 積極的に言語聴覚士の評価を受けられるように誘導することが大切だと思われます。もちろん言語聴覚士のところに行っても「良くなるのは難しい」という評価をされるケースもあります。しかし, 良くなるのか否かの判断は精神科医ではできません。ですから大事なことは, 語音症であるとわかったら, まず言語聴覚士にリファー[07]することではないかと思います。そういった点で, DSM-5 の診断基準を頭に入れておく価値はあると思われます(詳しくは, DSM-5, 2014, p.43 を参照)。

> **講義メモ**
> **06 言語聴覚士** Speech Therapist。ST と略されることが多い。言語に関する問題の本質や発現メカニズムを明らかにし, 対処法を見いだすために検査・評価を実施し, 必要に応じて訓練・指導・助言・援助を行なう国家資格。
> **07 リファー** より適切な対応がとれる他の専門家に患者を紹介すること。

言語聴覚士

Speech Therapist(略称 ST）

・話す、聞く、食べるのスペシャリスト
・言語の障害、音声の障害、食事の障害に専門的に対応
・1997年、国家資格化。有資格者は約27000人

（日本言語聴覚士協会 HP より）

4　小児期発症流暢症

小児期発症流暢症とは, 吃音[08]のことです。吃音の方はかなり多く, さらに「症状」には (1) ～ (7) と 7 つも示されているように, いろいろな吃音のケースが考えられます。なお, 特に吃音が目立つ方や, 吃音のために障害をきたしている方は, この 7 つの症状をほぼすべてもっている人だと思われます (詳しくは, DSM-5, 2014, p.44 を参照)。

> **講義メモ**
> **08 吃音**（きつおん）「あ, あ, あっ, ありがとうございます」というように, 言葉を発する際に言葉がつまってしまったり, どもってしまったりすること。

症状：会話の流暢性と時間的構成
　(1) 音声と音節の繰り返し
　(2) 子音と母音の音声の延長
　(3) 単語が途切れる
　(4) 停止
　(5) 遠まわしの言い方

（6）緊張

（7）単音節の単語の反復

症状による障害：話すことの不安

　症状の（5）にある「遠まわしの言い方」というのは興味深いです。小児期発症流暢症の方は，ある特定の単語をうまく発音できません。ですが，別の単語だったら発音できる場合，あっという間に言葉を置き換えて，自分の言いたいことを言うことが自然にできるようになるそうです。

　小児期発症流暢症についても，言語聴覚士にリファーすることが大事ですが，うまく対処できる場合と，なかなか難しい場合があって，言語聴覚士にリファーすれば必ず大丈夫ということはなさそうです。

　小児期発症流暢症で大事な部分は「症状による障害」です。これは非常に気の毒で，吃音によって，話すことに対する不安をもってしまう子どもが多いのです。コミュニケーションがつまらないと子どもに思わせるのはよくないので，周りの人に「吃音があっても，吃音の子が言いたいことが言えて，周りは『あ，なるほどね』という感じで対応してあげること」がとても大切であると伝えています。それを行なわないで「何を言っているのかわからない」という感じで対応してしまうと，吃音の子どもは話すことに対する不安が強まってしまいます。

　吃音は成人になってからも，年をとってからも残っていることが少なくないので，就職などの面接の際に，不利を被ったりする場合があります。こういう場合，面接の際に診断書を出すことがあります。小児期発症流暢症という診断書を出すことで，合理的配慮として，吃音だからという理由だけで評価を低くしないようにとか，少し面談に多めに時間をかけてもらうといった交渉をすることがあります。

5 　社会的コミュニケーション症

　次に**社会的コミュニケーション症**です。これは基本的に ASD（自閉スペクトラム症）の不全型を想定していますが，その話はまた後で触れます。

　具体的な症状としては，1つめに挨拶や情報共有など，他者との交流に必要なコミュニケーションに困難を示すこと。2つめに，偉い人の前と友人の前では態度を変えるといった，状況に応じてコミュニケーションを変えることに困難を示すこと。3つめに，会話で相槌を打つ，誤解されたときに言い換えるなど，会話におけるルールに従うことが困難であること。最後に明確でない言葉，あいまいな言葉を理解するということが困難であること。この4つが主な症状です（詳しくは，DSM-5, 2014, p.46 を参

講義メモ

09 (4/4) 4つの症状項目のうち、4つ（つまり、今回の場合は4つすべての症状項目）が満たされた場合に診断されることを意味します。

症状：コミュニケーションの社会的使用における持続的な困難（4/4）[09]
(1) 社会的状況に適切
(2) 状況に合わせて変える
(3) 会話のルール
(4) 明確でないこと、あいまいなことを理解する

ちなみにこの4つめが本当に社会性の問題なのかは、疑問が残るところです。この障害の方はASDと同様、構造化されていない情報を処理することが苦手なためあいまいな情報をうまく処理できないのであって、社会性の問題ではないように思われます。

先ほど、社会的コミュニケーション症は、ASDの不全型であるという話をしました。この部分をもう少し詳しくお伝えします。実はDSM-5以前において、「特定不能の広汎性発達障害[10]」という診断があまりにも無法地帯になってしまったため、DSM-5ではASDが厳密に定義づけられました。しかし厳密にすると今度は、ASDの診断基準からこぼれ落ちてしまう人が出てしまう。その人たちを拾うために、とりあえず用意された概念が社会的コミュニケーション症です。そのため、社会的コミュニケーション症と実際に診断されたとしても、今の日本で可能な支援はASDに準じたものとなるでしょう。現状は、社会的コミュニケーション症と診断しながら、ASDの不全型として支援していくことになると考えられます。

講義メモ

10 特定不能の広汎性発達障害　DSM-Ⅳまで用いられていた用語。以前は、自閉症の診断基準をすべて満たしているわけではないが、部分的に満たしている場合、「特定不能の広汎性発達障害」という診断が行なわれていた。本文中の「無法地帯」という表記の理由も含め、詳細は次の「4 自閉スペクトラム症」を参照。

6　特定不能のコミュニケーション症

最後に**特定不能のコミュニケーション症**です。コミュニケーション症に特徴的な症状を示し、かつ症状による障害がありながら、コミュニケーション症群の診断基準も他の神経発達症群の診断基準も満たさないということはありえます。何らかの活動の制限があったり、本人が明らかに困っていたりする場合、そういう人たちをすくい落とさないために、特定不能のコミュニケーション症という概念が設定されています。判断の際には、症状の理由の特定を行なわない、あるいは十分な情報がないのが特徴です（詳しくは、DSM-5, 2014, p.48 を参照）。

まとめ

- コミュニケーション症群には，言語症，語音症，小児期発症流暢症，社会的コミュニケーション症，特定不能のコミュニケーション症の5つが含まれている。
- 語音症，小児期発症流暢症などは，言語聴覚士へのリファーが重要となる。

4 自閉スペクトラム症

1 自閉スペクトラム症の概念

本章では**自閉スペクトラム症**について紹介します。

この自閉スペクトラム症という新しい名前に，まだ馴染んでいない方も多いことでしょう。かつて精神分裂病と呼ばれていた精神障害が統合失調症[01]と呼ばれるようになるまでに時間がかかったように，これまで自閉症と呼ばれていた発達障害が自閉スペクトラム症と呼ばれるようになるまでにも，それなりの時間がかかると思われます。本章では主に，自閉スペクトラム症の略称であるASD（Autism Spectrum Disorder）の名称を使用していきます。

まずASDの概念について説明します。図4-1の左側が主にDSM-IVまでの分類，右側がDSM-5の分類を表しています。DSM-5で大きく変わった点が2点あるので，その点を整理していきます。

まず図4-1の左側であるDSM-IVまでの分類を見ると，今までは広汎性発達障害という総称はあったものの，種々雑多な疾患分類になっていたこ

講義メモ
01 統合失調症 妄想・幻覚などを主症状とする代表的な精神病。かつては精神分裂病と呼ばれていたが，その名称に伴う否定的なニュアンスから，2002年日本精神神経学会が統合失調症と呼ぶよう提唱し，今日に至る。

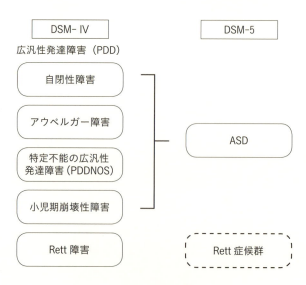

図4-1 PDD亜型分類とASD

とがわかります。自閉性障害があって，アスペルガー障害があって，特定不能の広汎性発達障害があって…というように，細かく分類されていました。この中のRett障害[02]と呼ばれているものだけが，DSM-IVを用いている期間に原因遺伝子が特定されました。そのため，Rett障害はDSM-5からRett症候群という別の扱いになりました。これが変更点の1点めです。

DSM-5からの大きな変更点の2点めが，Rett障害以外の広汎性発達障害が，ASDというかたちで統合された点です。統合された理由としては，自閉性障害，アスペルガー障害，特定不能の広汎性発達障害…というように分類する意味を，明確に見いだせなかったためです。たとえば，たくさんの広汎性発達障害の子どものそれぞれが，自閉性障害なのか，アスペルガー障害なのか，特定不能の広汎性発達障害なのか…ということを，アメリカの12の有名大学の有名児童精神科医にDSM-IVを使って診断してもらった結果を比較検討した研究があります。その結果，12の大学の診断結果は，まったく異なるものでした。アスペルガー障害をまったく診断しない大学もあれば，アスペルガー障害をかなり多く診断する大学もありました。全部自閉性障害というような扱いをする大学もありました。全米でも名だたる大学の最も経験のある人たちですら，DSM-IVを適切に運用できなかったのです。正確に誰も運用できないものを残しても意味がありません。

これまでさまざまな人が「この場合は自閉性障害だ」「私はアスペルガー障害だと思う」と分類について論議していましたが，分類することの意味を明確に示すことができなかったのです。このような経緯があって，DSM-5ではスペクトラム[03]というかたちでひとまとめになりました。

講義メモ

02 Rett障害 Rett障害とは，女児のみに発現する障害である。ある期間（5か月頃まで）は正常発達をたどるが，その後退行が見られ，4歳頃までに重度の知的な困難と自閉的な傾向をもつようになる。手の運動やその他の運動機能にも障害が出る，重度の障害である。

講義メモ

03 スペクトラム 「連続体」という意味。自閉性障害でもアスペルガー障害でも，周囲の環境や療育の状況によって，困難の度合いは変化する。そのため，診断名で区分して，診断名に対応した支援の枠組みを機械的に当てはめて考える方法には限界がある。そこで登場した考え方が，健常者もアスペルガー障害も自閉性障害も，境界線のない一連の連続体であると考える「スペクトラム」である。スペクトラムの考え方は，診断名にとらわれず，困難の度合いが変化する子どもの様子に合わせて，柔軟に対応する姿勢を求めていると言える。

「スペクトラム」とは？→連続体という意味

2 自閉スペクトラム症の判断のポイント

次に，ASD の判断基準について，DSM-IV と DSM-5 を比較したいと思います。図 4-2 の左側が DSM-IV で，右側が DSM-5 です。こちらも主な変更点が 2 点あります。

まず，3 因子モデルから 2 因子モデルへの変更です。DSM-IV は対人相互反応の障害（S1〜S4），コミュニケーションの障害（C1〜C4），常同的で限定された興味（R1〜R4）という 3 因子で説明されていました。いわゆる三つ組[04]と呼ばれていたモデルです。

ただ，対人相互反応の障害とコミュニケーションの障害とが分かれていますが，全部社会性の問題と言ってもおかしくはありません。また，コミュニケーションの障害の中にある「常同反復的な言語使用（C3）」は，「常同的で限定された興味」に分類されてもおかしくありません。結局のところ，ASD の症状は「社会的なもの」と「こだわり的なもの」の 2 つに分類できないかと考えられたのです。

実際に因子分析を行なった研究も多くあり，それらの研究結果の蓄積から，DSM-5 では「社会的コミュニケーションの障害（SC1〜SC3）」と「限定された反復的な行動様式（R1〜R4）」の 2 因子モデルが採用されました。これが重要な変更点の 1 点めです。

> **講義メモ**
> **04 三つ組** イギリスの精神科医ウィングが，自閉症の特徴を「三つ組」と呼んだことに由来する。

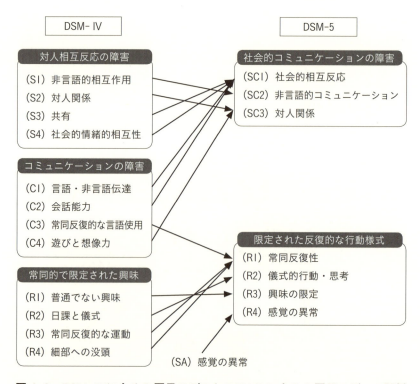

図 4-2 DSM-IV による 3 因子モデルと DSM-5 による 2 因子モデルの関係

もう1点の重要な変更点は**「感覚の異常」**を判断基準に入れたことです。感覚の異常で困っている人は多く，これを無視してはいけないだろうと，DSM-5で採用されたところ，多くの臨床家が喜びました。DSM-5は批判されることが多いのですが，ASDを専門にしている立場から見ると，DSM-Ⅳに比べDSM-5は圧倒的に優れており，臨床で使いやすいように思います。

　次に，社会的コミュニケーションの障害と限定された反復的な行動様式（Restricted Repetitive Behavior：RRB）について，それぞれの詳細を見ていきましょう。

1．ASDの判断基準①：社会的コミュニケーションの障害

　社会的コミュニケーションの障害は次の3つに分かれています（詳しくは，DSM-5, 2014, p.49を参照）。

症状：社会的コミュニケーションの障害（3/3）
　（1）社会的相互反応
　（2）非言語的コミュニケーション
　（3）対人関係

　「社会的相互反応」とは，コミュニケーションを始めたときの相手の反応の怪しさと，実際に会話が成立するかと，情緒的な交換ができるかということになります。なかなか言葉では伝えにくい概念です。

　「非言語的コミュニケーション」とは，アイコンタクトや，表情の変化で物事を伝えること，ジェスチャーや声のトーンで自分の意図を伝えることなどに関する困難を表します。

　この「社会的相互反応」や「非言語的コミュニケーション」について「どうやってこれらの点を評価すればいいのか？」と思う方がいると思います。そこで紹介したいツールがADOS[05]というASDの診断ツールです。ADOSの優れている点は，言葉ではなかなか伝えにくい「社会的相互反応」や「非言語的コミュニケーション」の部分を，構造化された状況の中で定量化できるように作られている点です。ですからADOSを用いることで，なかなか言葉では伝えられない「ASD感」のようなものを，定量化することができます。

　最後の「対人関係」というのは，実際に対人関係がうまく成立しているかいないか，社会生活が送れるか送れないかということになります。そのため，最初の2つとは少し次元が違います。検査を行なってその場で評価するというより，普段の生活を含めた情報を集めて評価することになります。

　講義メモ

05 ADOS　Autism Diagnostic Observation Schedule，エイドス。検査用具や質問項目を用いて，対象者に行動観察と面接を行ない，ASDの評価を行なう診断ツール。詳しくはPART 3を参照。

2. ASDの判断基準②：限定された反復的な行動様式

次にこだわりの部分を表す限定された反復的な行動様式（RRB）です。これは次の4つから成っています（詳しくは、DSM-5, 2014, p.49を参照）。

症状：限定された反復的な行動様式（RBB）（2/4）
(1) 常同反復性
(2) 儀式的行動・思考
(3) 興味の限定
(4) 感覚の異常

ただし、目の前でこだわりを見せる子はあまりいないので、「対人関係」と同様、その場で診察して評価することは難しく、情報を集めて評価することが多いです。

「常同反復性」というのは、ものを並べたり、同じところで何度も飛びはねたり、同じような言葉を何度も使ったりすることを表します。高機能のASD[06]には、常同反復性の中でも「同じような言葉を使っている人」が多いです。同じ言葉を何度も使う人は「ASD感」があります。ですから、症状を広くとるという意味でも、同じ会話の癖がある場合は、症状として拾っておくべきかもしれません。

「儀式的行動・思考」は、考え方の硬さのことです。道順にこだわるといった考え方の硬さだけでなく、ゼロイチ思考のように完全にできるならやるけど、できないときは放り出してしまうことも表します。実際の社会生活は80％ぐらいできることで成立しており、100％できることはなかなかありません。しかしASDの方の中には、100％できることではないからといって、80％できることを投げ出してしまって、日常生活が成り立たなくなる方がかなりいます。このような「儀式的行動・思考」が、ASDの方々を一番苦しめているように思われます。この項目を満たすか満たさないかは大きな違いで、ここを満たしていないために、ASDであってもさほど困らずに、平和に暮らしている人もいるように思われます。

「興味の限定」というのは好きなことなので、好きなことにこだわっても、社会生活に困っていなかったら、多少変わった趣味があってもかまわないだろうということで、ここはそれほど困難にならないと思われます。

「感覚の異常」の多くは聴覚過敏です。ただし訴える人もいれば訴えない人もいます。耳栓を使えば今度は必要な情報が入らなくなってしまうので、耳栓をすればよいというほど単純な問題ではありません。正直なところ、ASDの感覚の異常についての研究は、これまであまりなされていませんでした。しかしDSM-5から診断基準として明確になったことで、今後は研究も行なわれ、対応の仕方も明確になっていくのではないかと思われます。

講義メモ

06 高機能のASD 知的能力障害を伴わないASDを、高機能のASDと呼ぶことがある。「高機能」という言葉だけで、TVドラマなどで散見される「一般人にはない特殊能力をもっているASD」と理解すると、かなり恥ずかしいことになるので注意したい。

3　他の ASD の判断のポイント

　残りの判断のポイントについて見ていきましょう。

　基本的には「1　総論」で紹介した「診断の原則」のとおりです。具体的には先ほど紹介した「社会的コミュニケーションの障害」「限定された反復的な行動様式」の他の基準として「発達期：社会的要求」「症状による障害」「他の疾患で説明」が続きます。ASD の場合も重要なのは「症状による障害」です（詳しくは，DSM-5, 2014, pp.49-50 を参照）。

　「社会的コミュニケーションの障害」と「限定された反復的な行動様式」の項目を満たすような人は，本田秀夫先生が自閉スペクトラムを 10 人に 1 人が抱える生きづらさであるとで語っている（本田，2013）ように，10 人に 1 人ぐらいの割合でいます。しかし，実際に ASD と診断される方は 100 人に 1 人ぐらいです。なぜならば，ASD の症状をもっていても平和に暮らしていれば，あえて障害とはしないからです。ASD の症状をもっていて，そのうえで困っている人を検出して，本当に ASD に沿った支援が必要な人にだけ，ASD の診断をするべきです。実際，ASD の診断は本人や家族にとって大きなショックを与えるものです。中には言ってくれてよかった，わかってよかったという人もいますが，やはり心のどこかでは「自分は ASD なのか」というショックがあることでしょう。ですから，ASD の診断は非常に慎重であるべきです。障害者就労するとか，周囲の人がサポートしていくとか，そういう配慮・支援とセットになってはじめて ASD の診断には意味があると思われます。逆に，「こんなに薄い症状でASDの診断をするのか」と言われることもあります。しかしそれは，他の診断ではなかなか利益を得られなかった人が，ASD と診断されることで，利益を得られる可能性があるということを考慮しての評価なのです。

4　ASD に対する合理的配慮

　次に ASD の方々に対する合理的配慮について考えます。

　社会的コミュニケーションの障害は目に見えてわかりやすいので，合理的配慮を提供することがそれほど難しくありませんが，限定された反復的な行動様式（RRB）に対して合理的配慮を提供するのはそれほど簡単ではありません。限定された反復的な行動様式に対して，どのような合理的配慮が求められるでしょうか。

　DSM-5 によると ASD の限定された反復的な行動様式には，組織化と計画の障害がある，とされています。つまり，情報を組織化し，計画的に組み立てる能力に問題があることを想定しています。つまり，そういう能

講義メモ

07 情報の構造化 たとえば居間は遊びエリア，子ども部屋は勉強エリア，寝室は寝るエリアなど，部屋ごとの役割を決め，それを表すイラストを部屋の入口に貼っておく。トイレの水を流すときは，水の流れる音が気に入って何回も流すことがあるので「1回流す」と書いて見えるよう貼っておく。このように，部屋や空間ごとの意味を明確化し，その意味を視覚で理解しやすい環境を作ることが，構造化の基本となる。

力に障害があるなら，情報を構造化[07]することが合理的配慮であると考えられます。

構造化の例

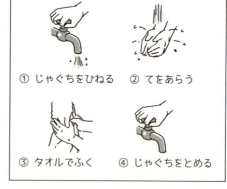

① じゃぐちをひねる　② てをあらう
③ タオルでふく　④ じゃぐちをとめる

どこにどの服を入れるか決めわかりやすく示す

手の洗い方について，図を使って，何をどの順で行なうか，わかりやすく示す

5 該当すれば特定すべき項目

次に「該当すれば特定せよ」という項目です。その名のとおり，ASDに加えて，次に示す障害が該当する可能性があるため，その障害を特定しておくための項目です（詳しくは，DSM-5, 2014, p.50を参照）。

- 知能の障害
- 言語の障害
- 関連する既知の疾患，環境要因
- 関連する精神疾患
- 緊張病

ここで注目したいのは，言語の障害の部分です。これはDSM-5からの新しい記述にあたりますが，コミュニケーション症群のところでもお伝えしたように，これを言語症とするか否かは悩みどころです。ASDがあれば，その時点で言語の困難が想定され，十分な合理的配慮を提供する可能性が高いため，あえて改めて言語症と診断する価値があるかどうかは，悩ましいところです。

関連する既知の疾患については，前述したRett症候群（Rett障害）やフラジャイルX[08]などが相当します。これらは遺伝性疾患であることが明

講義メモ

08 フラジャイルX 脆弱X症候群とも呼ばれる。X染色体の異常に起因する遺伝性精神障害で，知的障害，情緒不安定，多動，自閉傾向が現れる。男性のほうが症状は重く，女性ではまったく症状が出ず無自覚の場合もある。

らかになっており，判明している場合は診断に書いておいたほうがよいものです。フラジャイルXの治療法はまだ判明していませんが，もし判明したらその治療を優先して行なうべきなので，やはり書いておくべきでしょう。

緊張病[09]も特定せよと書いてあります。これは非常に臨床的で，ASDかつ知的障害の重い方では，固まってしまうことが結構多くあります。ASDのそういった点がフォローされているのは，DSM-5の優れている点だと思われます。

09 緊張病 カタトニアとも言う。長時間動きが止まる，動作が遅くなる，自発的な動きができなくなる，といった身体動作が低下する症状を起こす症候群。

6 ASDの研究

最後に，ASDの研究についてです。

ADI-R[10]やADOSを用いてASDの診断をするのは，一つのやり方ではありますが，これらの検査は，「1 総論」でお伝えしたようなフォーミュレーションの中で診断するようにはできていません。そのため，ADI-RやADOSだけで確定診断するという発想は適切ではありません。ADI-RやADOSの情報を使ったうえで，その診断に価値があるかどうかということを，臨床的な情報や背景情報をすべて集めたうえで判断しないと，診断を誤ってしまうと思われます。

たとえばADI-Rについては，相当重い人でなければASDの判断基準を満たすことはありません。そしてADI-Rを3時間やらなくても，直接話をすれば診断をつけられるようなこともあります。ADOSについては，前述したように，なかなかうまく言葉で表せないところをうまく評価できるようになっているため，「社会的コミュニケーションの障害」のうちの最初の2項目（「社会的相互反応」と「非言語コミュニケーション」）を評価する目的で使うには，非常に優れたツールであると考えられます。ですが，ASDの診断をこの検査だけで行なうのは不可能です。

しかし，研究の際にはADI-RやADOSによる評価が必要となります。DSM-5が求めている社会的な情報や背景情報は，研究においてはバイアス[11]となってしまいます。研究ではDSM-5の判断基準よりも，より厳密に定量化されたADI-RやADOSの検査結果が重視されることが多いのです。特に国際的な研究をするのであれば，これらの検査を行なっておくべきでしょう。

10 ADI-R Autism Diagnostic Interview-Revised。自閉スペクトラム症の診断ツール。精神年齢が2歳以上であれば，幼児から成人まで幅広い対象者に利用できる。詳細は，PART 3を参照。

11 研究のバイアス 研究には，客観性と再現性が求められる。このとき，主観的な観察に基づく判断や，家族・関係者の聴き取りに基づく判断は，客観性と再現性を損なうものとみなされることが多い。対して，検査を用いた判断は，研究に必要な客観性と再現性を確保しやすい。そのため，研究を行なう場合は，観察や聴き取りで得た情報より検査結果が重視される。

まとめ

- DSM-IV まで存在した自閉性障害・アスペルガー障害などの分類は，DSM-5 で自閉スペクトラム症に統合された。
- 自閉スペクトラム症の症状は，DSM-5 において「社会的コミュニケーションの障害」と「限定された反復的な行動様式（RRB）」の 2 因子モデルで説明される。
- 症状だけ，検査結果だけで診断せず，症状による障害が存在するか，診断の価値があるか評価したうえで診断する。

5 注意欠如・多動症

1 注意欠如・多動症（ADHD）の構成

本章では**注意欠如・多動症**（Attention-deficit / Hyperactivity disorder：通称 ADHD）についてお伝えしていきます。まず，ADHD の構成から確認しましょう。ADHD は，次の 3 つを含んでいます。

・注意欠如・多動症
・他の特定される注意欠如・多動症
・特定不能の注意欠如・多動症

2 ADHD 診断の問題

ADHD の症状は「**不注意**」と「**多動性−衝動性**」の 2 つです。この 2 つが 6 か月程度続いた場合に診断されます。DSM-5 の ADHD 診断で批判が多い点は，次に説明する判断基準①②について 17 歳未満の子どもには 9 個の症状の中でそれぞれが 6 個を満たしていたら ADHD と診断することに対し，17 歳以上の場合はそれぞれが 5 個を満たしていたら ADHD と診断する，というように判断基準を緩めている点です（詳しくは，DSM-5, 2014, p.58 を参照）。

症状：(1) 不注意　(2) 多動性−衝動性
・6 か月持続
・17 歳未満：6 個以上
・17 歳以上：5 個以上

ADHD の**過剰診断**[01]が問題になっています。アメリカの精神科医から，自分は ADHD であることを主張し，コンサータ[02]という薬品をとにかく貰いたがる患者が多くいて困っているという話を聞いたことがあります。また，ADHD の診断書で試験時間を延長してくれる大学があり，そのた

講義メモ

01 過剰診断　本来診断を適用すべきでない患者にまで，診断が適用されていること。

02 コンサータ　メチルフェニデート塩酸塩という成分を含む，ADHD の不注意，多動性・衝動性を改善させる飲み薬の一つ。2007 年に日本でも認可された。食欲減退などの副作用があるため，慎重な処方が求められる。

めに ADHD の診断書がほしいという人がたくさんいて困っているという話も聞いたことがあります。もちろん大多数は実際に ADHD なのですが，過剰診断の可能性は否定できません。その背景には，ADHD の症状項目だけで診断が行なわれている点があるかもしれません。次に ADHD の「不注意」の診断項目をご紹介します。項目だけみると，ほとんどの人があてはまるのではないでしょうか。

1. ADHD の判断基準①：不注意

誰だって不注意な間違いをすることはあるし，注意の持続ができないこともあります。聞いていないように見えることもありますし，すべての物事をやり遂げるなんてこともできません。17 歳未満ならばこの 9 個のうち 6 個以上，17 歳以上ならば 5 個以上を満たせば [03]ADHD とみなされてしまうわけです（詳しくは，DSM-5, 2014, p.58 を参照）。

講義メモ
03 6 個以上を満たせば DSM-5 によると詳しくは 9 つの症状項目のうち 6 つ以上が，「少なくとも 6 ヶ月以上持続したことがあり，その程度は発達の水準に不相応で，社会的および学業的／職業的に直接悪影響を及ぼすほどである」場合に診断される。

(1) 不注意
　(a) 不注意な間違い
　(b) 注意の持続ができない
　(c) 聞いていないように見える
　(d) やり遂げることができない
　(e) 順序立てることができない
　(f) 精神的努力を避ける
　(g) なくしてしまう
　(h) 気が散ってしまう
　(i) 忘れっぽい

この 9 個の項目のうち注目したい項目は「順序立てることができない」という項目です。ここだけは他の不注意の項目と少し質が違っていて，薬でコントロールすることが難しい症状です。また，順序立てられないと，

大事なことを先送りしてしまうため，ADHD で本当に困っている人は，この項目で困っている人が多いと思われます。

2. ADHD の判断基準②：多動性 − 衝動性

多動性 − 衝動性も同様に，17 歳未満ならば 9 個のうち 6 個以上，17 歳以上ならば 5 個以上を満たせば ADHD の診断となります（詳しくは，DSM-5, 2014, p.58 を参照）。

(2) 多動性 − 衝動性
　(a) そわそわ動かす
　(b) 席を離れる
　(c) 走り回る，高い所へ登る
　(d) 静かに遊べない
　(e) じっとしていない
　(f) しゃべりすぎる
　(g) 質問が終わる前に答える
　(h) 順番を待つことが困難
　(i) 邪魔する

3 他の ADHD の判断のポイント

前述の「不注意」「多動性 − 衝動性」以外の ADHD の判断基準としては，次のようなものがあります（詳しくは，DSM-5, 2014, p.58 を参照）。

・発達期：12 歳以前
・2 つ以上の状況
・症状による障害
・他の疾患で説明

中でも ADHD の診断で必ず確認しているのは，**2 つ以上の状況**で困っているか否かです。2 つの状況とは，具体的に言えば家と学校の両方で不注意や多動性 − 衝動性が見られないと，診断に踏み込むことは難しいということです。家か学校の片方だけの場合は，ADHD とは別の原因がある可能性が考えられるからです。

もう一つ確認すべきは，**他の疾患で説明**できないことです。DSM-5 では統合失調症でないことを確認せよということが触れられています。ただ ADHD については，統合失調症だけでなく ASD で説明できないかと

いう点を必ず評価すべきです。ASD の方の大半は，こだわりや興味のなさのために，不注意の項目をほとんど満たしてしまうからです。実際にはASD であり，社会的な問題で周囲が困っているにもかかわらず，本人は社会的な問題に気づかず，ADHD の症状だけを見て「自分は ADHD かもしれない」と病院に来る方が多いのです。実際の困難が ASD なのに，ADHD と診断して支援が難しくなることもあります。ASD という診断を伝えるのは簡単ではありませんし，当人にとってもショックを受けるものではありますが，そこは必要であれば伝えなければなりません。

4 過剰診断と薬物療法

　これまでお伝えしてきたように，ADHD の診断は簡単ではありません。しかし，ADHD の症状項目のうち 17 歳未満の場合は 6 個，17 歳以上の場合は 5 個満たしている…というチェックリストだけの診断が一部では行なわれているのが現状です。そのため，過去にチェックリストによってADHD という診断を受けて，その後ストラテラ[04]やコンサータがほしいと要望する患者の中には，ADHD ではなく ASD だと思われる人がいます。ですから，ASD を適切に診断したうえで，不適切な ADHD の診断を除外していなければなりません。これは，非常に骨が折れる作業です。

講義メモ

04 ストラテラ アトモキセチン塩酸塩という成分を含む，ADHD の不注意，多動性・衝動性を改善させる飲み薬の一つ。2009 年に日本でも認可された。頭痛などの副作用があるうえに，6 歳未満の子どもに対する安全性が確保されていないため，慎重な処方が求められる。

> **ポイント1**　**過剰診断と薬物療法**
>
> ・診断は難しい
> 　▶ 不適切な ADHD の診断の除外
> ・過剰診断
> 　▶ 合理的ではない不公平な配慮
> ・見逃し
> 　▶ 有効な薬物療法を試せない

　このような過剰診断の問題を ADHD は内包しています。一方で ASDと ADHD は合併するので，ASD かつ ADHD という人もたくさんいて，先ほどの不注意と衝動性－多動性の計 18 個の項目を ASD だけでは説明できない人もいます。この場合も，ADHD と診断すべき人を見逃してはいけません。過剰診断も問題ですが，見逃すのも問題です。
　ADHD は，薬物療法で活動の制限や参加の制約をかなり良くすることができます。もちろん薬物療法には副作用もあるのでリスクも背負うわけ

ですが，薬物療法をやらずに自己評価の低い小学校時代を送るか，副作用のリスクを背負ってもそれなりの活動をして自己肯定感を保てるかは，大きな違いです。そういう意味でもADHDを見逃すわけにはいかないのです。ADHDは診断が難しくて，取り扱いが難しい発達障害であると考えられます。

5　他の特定される注意欠如・多動症

　ASDに対する支援だけでは足りず，ADHDとして薬物療法で支援したほうが本人の適応状態を改善させられる可能性が高いならば，ADHDを診断すべきです。そのときに，DSM-5におけるADHDの判断基準を満たしていないならば，**他の特定される注意欠如・多動症**として薬を出すことになると思われます。「特定される」とは，特定の理由を述べられることで，この場合は「不注意症状を十分に満たしていないが，ADHDに特徴的な症状があり，その症状による障害が存在する」という点が，理由に相当します（詳しくは，DSM-5, 2014, p.64を参照）。

6　特定不能の注意欠如・多動症

　ADHDに特徴的な症状を示し，かつ症状による障害もありながら，ADHDの診断基準も，他の神経発達症群の診断基準も満たさない場合で，理由を特定しない場合は，**特定不能の注意欠如・多動症**ということになります。この時大切なことは症状項目だけでなく，ADHDの診断に意味があるかという点です。また，ASDを視野に入れつつ，ADHDを適切に診断する能力が問われています（詳しくは，DSM-5, 2014, p.65を参照）。

- 注意欠如・多動症の症状は「不注意」と「多動性－衝動性」の2つに大きく分けられる。
- 症状だけみたADHDの過剰診断も問題だが，ADHDが見逃されるのも問題。薬物療法による介入が行なわれるということもあり，ADHDの診断には慎重さが求められる。

6 限局性学習症

1 限局性学習症の定義

　本章では**限局性学習症**（Specific Learning Disorder：SLD），いわゆる学習障害（LD）と呼ばれていた概念について見ていきましょう。「0　はじめに」でも少し触れましたが，教育の世界で定義されている学習障害[01]と，精神医学の世界で定義されている限局性学習症は，定義が異なります。本章で紹介するものは，精神医学の世界で言うところの限局性学習症であるととらえてください。

　なぜ教育の世界と医学の世界で定義が異なるのかは，諸説あります。原因の一つとして，限局性学習症を診断したとして，医者たちに何ができるのか，あまり明確でなかった点があげられるかもしれません。教育の現場で，教育の概念で学習障害と評価されることで，教育現場で適切な配慮が得られるなら，それで問題がないため，わざわざ医学の定義を押しつける必要もなかったわけです。

 講義メモ

01 教育の世界で定義されている学習障害　精神医学の世界で定義される限局性学習症は「読み」「書き」「計算」の困難さに限定されている。教育の世界では，言葉の偏りや使い方の困難，社会性のトラブル，手先の不器用さなど，学習の困難さに影響するより広い概念として，学習障害という語が用いられやすい。

しかし今後，合理的配慮というかたちで支援するにあたり，適切な合理的配慮の有無などで裁判になることも考えられます。このとき，教育の世界の学習障害という概念が，裁判でどのように位置づけられるかは不明確です。法的なレベルで学習障害を主張するためには，DSM-5 のような明確でオフィシャルな概念があったほうがよいでしょう。逆に言えば，その明確な概念があれば，より適切に合理的配慮が得られるとも言えます。はっきり診断書を出したら，学校のほうで限局性学習症に対して配慮することが義務づけられるので，これは患者さんにとって利益になることでしょう。このように，DSM-5 で診断をすることは，誰かがオフィシャルな判断をしたことを記録に残せるということであり，そういう点で医学の世界から積極的に限局性学習症を診断することにも価値がある，と私は最近考えるようになりました。

2　限局性学習症の判断のポイント

限局性学習症の症状は「読むこと」「書くこと」「計算すること」の困難です。具体的に「読むこと」については，字を読むことと，読んでいるものの意味を理解すること，「書くこと」については，字を書くことと，言いたいことを文で伝えられるかということ，「計算すること」については，数字の概念・計算がわかるかということと，数学的な推論ができるかということをそれぞれ評価していきます。限局性学習症の特徴は以下のとおりです（詳しくは，DSM-5, 2014, pp.65-66 を参照）。

症状：学習や学業的技能の使用に困難　6か月
 （1）読字
 （2）読んでいるものの意味
 （3）綴字
 （4）書字表出
 （5）数字の概念，数値，計算
 （6）数学的推論
症状による障害：
 ・標準化された到達尺度および総合的な臨床評価
 ・17歳以上：確認された経歴
発達期：社会的要求
他の疾患で説明：不適切な教育的指導で説明できないこと

症状による障害として，**標準化された到達尺度**を用いるよう記載され

ています。一般的にはWISC[02]を使うことになると思われますが，WISCは読み書き計算を分離して評価することが難しい構造になっています。そのため現在ではこの点を評価するには，KABC-II[03]を使うのが一番良いだろうと思われます。ただ，KABC-IIはどこでもできるものではありませんし，かつ成人になるとKABC-IIも使えなくなってしまいます。欧米でも標準化された尺度はほとんどが子ども向けで，成人になったら過去の経歴で判断するという，少しあいまいなものになってしまいます。

他の疾患で説明というところに関しては，不適切な教育的指導で説明できないことを判断基準として入れていることがポイントです。たとえば，実際に学校に行っていなければ，学ぶことができないのだから，読んだり書いたりできないのも当然です。この場合は当然，限局性学習症と診断することは適切ではありません。

3 限局性学習症のカットオフ

限局性学習症のカットオフをどこに置くかは，非常に難しい問題です。どの程度の得点を「遅れがある」とみなすかについて，DSM-5のテキストでは基本的に-1.5SD[04]が推奨されています。WISCのように100点を平均値とした検査ならば，-1.5SDは約78点程度，下位7%に相当します。また，DSM-5のテキストには，-2.5SD〜-1SDまで動かしてよいと書いてあるので，一番上限である-1SDを採用するならば約84点程度，下位16%が相当します。このPART 1で一貫して伝えてきた「症状を広くとる立場」ならば-1SDを採用してもよいでしょう。実際，イギリスの大学入試で，限局性学習症なので試験時間を延長したいと申請してきた場合，標準化された検査で84点を基準にしているようです。つまり，-1SDを採用しています。-1SDは下位16%，30人いたら5人ぐらいが相当することになるため，若干多いような気がしますが，この5人全員を限局性学習症と診断するのではなく，5人の中で本当に困っている人，苦痛を感じている人だけをピックアップすることが原則です。

講義メモ

02 WISC 児童用ウェクスラー式知能検査のこと。最新版は2011年に発表されたWISC-IV。対象年齢は5歳0か月〜16歳11か月。「言語理解」「知覚推理」「ワーキングメモリー」「処理速度」という4つの指標得点を算出することが可能。

03 KABC-II K-ABC心理教育アセスメントバッテリー（Kaufman Assessment Battery for Children）の最新版。2013年に日本語版が発表された。適用年齢は2歳6か月〜18歳11か月。情報を認知的に処理して解決する能力（認知処理過程尺度）と，知識の程度や読解力（習得度尺度）を個別に測定することが可能。

講義メモ

04 SD 標準偏差。詳細は「3 コミュニケーション症群」を参照。

- 限局性学習症の症状は「読むこと」「書くこと」「計算すること」に関する困難を指す。
- 教育現場における学習障害と，医療現場における学習障害（限局性学習症）は，定義の違いがある点に注意。

7 運動症群・他の神経発達症群

1 運動症群の構成

まずは、忘れられがちな発達障害といっても過言ではない、運動症群から紹介します。運動症群は次の5つから構成されています。

- 発達性協調運動症
- 常同運動症
- チック症群
- 他の特定されるチック症
- 特定不能のチック症

2 発達性協調運動症

運動症群のうちの一つ、**発達性協調運動症**の症状は次のとおりです（詳しくは、DSM-5, 2014, p.73 を参照）。

症状：協調運動技能[01]
・不器用
・運動技能の遅さ、不正確さ

発達性協調運動症は、精神障害なのか身体障害なのか判断が難しいところがありますが、基本的には不器用な方のことを指します。しかし、この診断をして理学療法士[02]にリファーして、ものすごく器用になるかというと、必ずしもそうとは限りません。診断をして、みな理学療法士にリファーするかというと、迷いがある医師は多いのではないかと思います。

では、何のために発達性協調運動症の診断を行なうのでしょうか。たとえば、字の綴りの形自体は覚えているのに、不器用で字が汚いために、書字に時間がかかってしまう。このような人が、限局性学習症のうちの書字表出の症状にチェックされてしまうことがあります。この場合は、限局性

 講義メモ

01 協調運動 運動の欲求や動機に基づき、適切な筋肉の組み合わせ、適切な強さ、適切な時間で、円滑な運動が遂行されているときに「協調性が保たれている」と表現する。

講義メモ

02 理学療法士 Physical Therapist, PT と略されることが多い。身体障害がある者に対し、治療体操や電気刺激、マッサージ、温熱その他の物理的手段を加えることで主に動作能力の回復を目指す国家資格。

学習症とするより発達性協調運動症とするべきです。もし発達性協調運動症と診断したら，合理的配慮として「不器用さを補うためにパソコンを使う」など，適切な配慮を提供できるように思われます。このように合理的配慮の提供ということが前面に出てきたことから，適切な配慮を提供するためにも，発達性協調運動症という概念を知っておく必要があるでしょう。

3　常同運動症

次に**常同運動症**です。常同運動症の症状である，「反復し，無目的な運動行動」は，ASD の方にも見られる症状なのですが，ASD と区別するポイントは症状による障害として自傷が見られるか否かです。この常同運動症は，レッシュ・ナイハン症[03]のように，自傷を伴っているけれどもASD ではない方をきちんと規定するために作られた概念ではないかと思われます（詳しくは，DSM-5, 2014, p.76 を参照）。

> **講義メモ**
> **03 レッシュ・ナイハン症**　遺伝子が原因で体内の代謝酵素の働きが不全となり，尿酸が体内で過剰に生じる病気。乳児早期から発育の不良が見られ，1歳頃に不随意運動が，1歳半〜2歳頃に自傷行為が現れてくることが特徴。根本的な治療法は現時点では明らかではない。

4　チック症群

次に**チック症群**[04]です。チック症群は，DSM-5 で神経発達症群の中に位置づけられているので，DSM-5 としてはチックが発達障害に含まれることになります。そしてチック症群の中には，次の3つがあります。

・トゥレット症
・持続性運動または音声チック症
・暫定的チック症

> **講義メモ**
> **04 チック**　自分の意思とは無関係に体の一部がけいれんのように動くことや，その動きによって声や音などが出てしまうことを，チックと言う。まばたきが増える，額にしわを寄せる，顔をしかめるなどの運動チックと，咳払い，甲高い奇声，うなり声や鼻鳴らしなどの音声チックに大別される。3歳頃から見られ始めるが，多くの場合，大人になると症状は消えていく。

「チック」とは？ → わざとではないのに、動きや声をくりかえしてしまうこと。

運動チック

目をパチパチさせる

首をすくめる

音声チック

（かぜでないのに）せきをする

甲高い奇声

1. チック症群①：トゥレット症

まず**トゥレット症**からみていきましょう。

トゥレット症は，運動チックと音声チックの両方がある場合で症状が1年以上続いている場合を指します。また発症は18歳以前です。トゥレット症が他の神経発達症群と異なるイレギュラーなところは，「症状による障害」を見ない点です。診断の原則として，症状があって，かつ活動・参加の制限がなければ障害としないのですが，トゥレットの場合はたとえ活動・参加の制限がなくても目に見える異常があるので，疾患としてもいいのでは，という扱いをされています（詳しくは，DSM-5, 2014, p.79 を参照）。

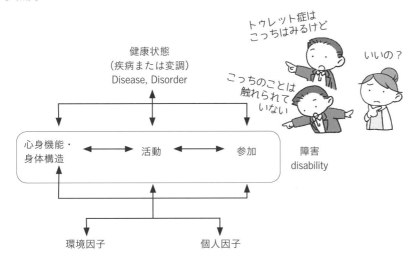

2. チック症群②：持続性運動または音声チック症

次に**持続性運動または音声チック症**です。

トゥレット症が運動チックと音声チックの両方ある場合を指すのに対し，運動チックあるいは音声チックの片方が1年以上続いていれば，持続性運動または音声チック症となります。こちらも発症は18歳以前です（詳しくは，DSM-5, 2014, p.80 を参照）。

3. チック症群③：暫定的チック症

次に**暫定的チック症**です。

暫定的チックは運動チックや音声チックが1年未満の方を指します。発症は18歳以前です。小さい子の場合はたくさんいるように思います。この暫定的チック症を診断されても，ちょっとチックがあるぐらいで，基本的には気にする必要はありません。多くの場合は消えていきます。しかし，いずれトゥレット症などになり，本人が困るようになる可能性もある

ので，事前に知っておくとよいかもしれない，という診断ではないかと思われます（詳しくは，DSM-5, 2014, p.80 を参照）。

4. チック症群④：他の特定されるチック症，特定不能のチック症

他の特定されるチック症と，特定不能のチック症です。

チック症に特徴的な症状を示し，症状による障害があるにもかかわらず，チック症の診断基準も，他の神経発達症群の診断基準も満たさず，18 歳以降に発症した場合は他の特定されるチック症を診断します（チック症群は基本的に 18 歳以前の発症を診断します）。ただ実際問題，18 歳以降に発症するチック症は非常に稀です。これまでの診断基準からこぼれ落ちないよう，他の障害と同様に特定不能のチック症も用意されています（詳しくは，DSM-5, 2014, p.84 を参照）。

5 他の神経発達症群

運動症群に関しては以上で，最後に**他の神経発達症群**について紹介します。

他の神経発達症群は，これまで紹介してきたさまざまな神経発達症群に特徴的な症状があり，かつ症状による障害があるにもかかわらず，診断基準を満たさない方を拾うための概念です。特定の理由として DSM-5 では，例として出生前のアルコール曝露に関連した神経発達症[05] があげられています（詳しくは，DSM-5, 2014, p.84 を参照）。

特定不能の神経発達症と診断せざるを得ない方もいます。ADHD のような ASD のような，何とも言えない方です。また，救命救急室の場面など特定の診断を下すのに十分な情報がない状況で使用されることもあります。

講義メモ

05 出生前のアルコール曝露に関連した神経発達症 妊娠中の母体がアルコールを不当に摂取することで，生まれた子どもにさまざまな発達能力低下が見られること。

---

6 PART 1 のまとめ

最後に，本講義のまとめを行ないたいと思います。

発達障害のそれぞれについてさまざまな知識をお伝えしてきましたが，最もお伝えしたかったことは，診断には包括的な評価が必要だということです。症状項目だけ見て診断しても意味がありません。包括的な評価をしたうえで，介入に必要なことを明らかにしていく視点がないと，診断が無駄になってしまいます。

診断や評価は，介入戦略を決定するための手段にすぎません。診断や評

価を目的にすることは実に意味がないことで，診断・評価をした結果，適切な介入戦略を査定することに意味があるのです。

また，介入戦略の結果，疾患自体が治って Happy になればいいわけですが，神経発達症群（発達障害）は，原則的には治りません。しかし，Happy になることはできます。「発達障害があっても Happy であるという自己肯定感をもって，自分の人生に対して肯定的になることができる」このことを仮のゴールと考え，そのための手段として適切な介入戦略を組み立てることが大事ではないかと思われます。

以上で，本講義を終わります。

まとめ

- 運動症群は，発達性協調運動症，常同運動症，チック症群，他の特定されるチック症，特定不能のチック症から構成される。
- チック症群が，DSM-5 では神経発達症群の中に位置づけられているため，DSM-5 としては発達障害に含まれることになる。

PART 1 心理職のための発達障害の診断入門

確 認 問 題
TEST 1

以下の文章について，正しい文章には○，正しいとは言えない文章には×をつけなさい。

(1) 公認心理師の資格を取得することで，医師に代わって病名診断を行なうことができる。　　　　　　　　　　　　　　　　　　　　　　　（　　　　）

(2) DSM-5において発達障害は，神経発達症群と呼ばれている群に含まれている。　　　　　　　　　　　　　　　　　　　　　　　　　　（　　　　）

(3) DSM-5における神経発達症群の中に，知的能力障害（知的障害）は含まれていない。　　　　　　　　　　　　　　　　　　　　　　　　（　　　　）

(4) 語音症については，心理職や精神科医だけでなく，理学療法士による支援が求められる。　　　　　　　　　　　　　　　　　　　　　　（　　　　）

(5) DSM-5において，DSM-IVにおける広汎性発達障害のすべてがASDというかたちで統合されることになった。　　　　　　　　　　　　（　　　　）

(6) DSM-5以降，ASDのもつ感覚過敏や感覚鈍麻など，感覚の異常が診断基準に含まれることになった。　　　　　　　　　　　　　　　　（　　　　）

(7) ASDは薬物療法による介入が行なわれることもあり，過剰診断と不必要な投薬治療が問題視されている。　　　　　　　　　　　　　　（　　　　）

(8) ADHDはその症状が，7歳以前から見られ，さらに2つ以上の場所で症状が見られる場合に診断される。　　　　　　　　　　　　　　（　　　　）

(9) 限局性学習症は，その症状が不適切な教育的指導によるものと説明できない場合に，診断が行なわれる。　　　　　　　　　　　　　　（　　　　）

(10) 運動チックと音声チックのいずれかをもつ場合，トゥレット症と診断される。　　　　　　　　　　　　　　　　　　　　　　　　　（　　　　）

48

確 認 問 題

TEST 2

次の空欄にあてはまる用語を記入しなさい。

(1) 考えられる複数の障害・疾患を比較しながら合理的に特定することを指して，
（　　　　　　　　　）と呼ぶ。

(2) 発達障害者が公的な機関からさまざまな支援を受けるために手にする障害者手
帳は，（　　　　　　　　　）である。

(3) （　　　　　　　　　）とは国際生活機能分類とも呼ばれており，障害の有無だけで
なく，社会的活動や周囲の状況など，生活機能や障害の状況を広い視点で分類す
ることで，効果的な支援につなげることを目的としている。

(4) 知能検査で IQ が 70 以下である場合，（　　　　　　　　　）が疑われる。

(5) より適切な対応がとれる他の専門家にクライエントや患者を紹介することを指
して（　　　　　　　　　）と呼ぶ。

(6) DSM-5 において自閉スペクトラム症は（　　　　　　　　　　　　）と
（　　　　　　　　　　　　　）の 2 因子モデルで説明される。

(7) ADHD の主な症状は（　　　　　　）と（　　　　　　　　　　　）の 2 つで，こ
の 2 つが 6 か月以上続いた場合に診断される。

(8) 知的能力にはさほど困難が見られないにもかかわらず，読むこと，書くこ
と，計算することなど特定の能力に著しい困難が見られる場合，DSM-5 では
（　　　　　　　　　）と診断される。

(9) 本来は，運動の欲求や動機に基づき，適切な筋の組み合わせ，適切な強さ，適
切な時間で円滑な運動の遂行が求められるが，このような協調運動に困難を抱え
る場合，DSM-5 では（　　　　　　　　　）と診断される。

(10) 自分の意志とは無関係に体の一部がけいれんして動いたり，それによって声や
音などが出てしまったりすることを（　　　　　　　　　）と呼ぶ。

確 認 問 題
TEST 3

以下の文章は，発達障害に関係する法律を説明する文章である。以下の問いに答えなさい。

A　すべての国民が，障害の有無によって分け隔てられることなく，相互に人格と個性を尊重し合いながら共生する社会の実現に向け，障害を理由とする差別の解消を推進することを目的とする法律。

B　知的障害者の自立と社会経済活動への参加を促進するため，知的障害者を援助するとともに必要な保護を行い，もつて知的障害者の福祉を図ることを目的とする法律。

C　発達障害者の心理機能の適正な発達及び円滑な社会生活の促進のために支援を行うための法律。この法律において「発達障害」とは，自閉症，アスペルガー症候群その他の広汎性発達障害，学習障害，注意欠陥多動性障害その他これに類する脳機能の障害であってその症状が通常低年齢において発現するものとして政令で定めるものをいう。

(1) A から C それぞれの文章が，どの法律を説明したものか，以下の語群より選んで答えなさい。

〔語群〕　発達障害者支援法　・　知的障害者福祉法　・　障害者差別解消法

　　　　　　　　A（　　　　　　）　B（　　　　　　）　C（　　　　　　）

(2) それぞれの文章が説明する法律が施行された年について，古い順に A から C の記号で並べなさい。　　　　　　　　　　　　　　　　　　　　（　　　　　　　）

(3) A の文章で説明された法律によって注目されることになった概念であり，障害をもつ人々の人権を保障し，教育・就労など社会生活において平等に参加できるよう，各々の障害特性や困難に応じて行なわれる対応のことを指して，何と呼ぶか。適切な用語を答えなさい。　　　　　　　　　　　　　　　（　　　　　　　）

確 認 問 題
TEST 4

4. 以下の問いに答えなさい。

(1) 自閉スペクトラム症について，DSM-IV と DSM-5 の違いに注目して説明しなさい。

(2) 小児期発症流暢症と，その支援のポイントについて論じなさい。

(3) 「他の神経発達症」「特定不能の神経発達症」など，「他の〜」「特定不能の〜」という診断名が存在する理由はなぜか。その理由について論じなさい。

(4) チックは，発達障害に含まれるか否か。根拠を明らかにして論じなさい。

(5) ADHD の過剰診断と薬物療法の問題について，論じなさい。

(6) 発達障害の病名診断をすることは，本人だけでなく家族にも大きな動揺を与えることになる。それでも診断が行なわれる必要があるならば，どのような診断が求められるか，論じなさい。

解答例

TEST 1

(1) × 病名診断は行なうことができない。

(2) ○

(3) × 知的能力障害は含まれている。

(4) × 理学療法士ではなく，言語聴覚士。

(5) × Rett 障害は除外されることになった。

(6) ○

(7) × ASD ではなく，ADHD の問題。

(8) × DSM-5 より 12 歳以前に変更された。

(9) ○

(10) × 両方もつ場合がトゥレット症である。

TEST 2

(1) 鑑別診断

(2) 精神障害者保健福祉手帳

(3) ICF

(4) 知的能力障害

(5) リファー

(6) 社会的コミュニケーションの障害，限定された反復的な行動様式

(7) 不注意，多動性-衝動性

(8) 限局性学習症（SLD）

(9) 発達性協調運動症

(10) チック

TEST 3

(1) A　障害者差別解消法，B　知的障害者福祉法，C　発達障害者支援法

(2) B → C → A

(参考) A　2016（平成 28）年施行

　　　 B　1960（昭和 35）年施行

　　　 C　2004（平成 16）年施行

(3) 合理的配慮

TEST 4

(1)　自閉スペクトラム症とは，社会的コミュニケーションの障害と，常同反復的行動の障害という 2 つの症状からなる，発達障害の一つである。DSM-5 では神経発達症群の一つとして位置づけられる。

　DSM-IV から DSM-5 にかけて，自閉スペクトラム症の概念に関する変更点は，主に 2 点ある。

　まず 1 点めは，Rett 障害の扱いである。DSM-IV までは，自閉性障害，アスペルガー障害，小児期崩壊性障害，Rett 障害，特定不能の広汎性発達障害の 5 つを総称して広汎性発達障害と呼んでいた。しかし，Rett 障害は原因遺伝子が特定されたため，DSM-5 からは Rett 症候群という別の扱いになった。

　2 点めは，Rett 障害以外の広汎性発達障害が，自閉スペクトラム症というかたちで統合された点である。自閉性障害でもアスペルガー障害でも，周囲の環境や療育の状況によって，困難の度合いは変化する。そのため，診断名で区分して，診断名に対応した支援の枠組みを機械的に当てはめて考える方法には限界がある。そこで登場した考え方が，健常者もアスペルガー障害も自閉性障害も，境界線のない一連の連続体であると考える「スペクトラム」である。スペクトラムの考え方は，診断名にとらわれず，困難の度合いが変化する子どもの様子に合わせて，柔軟に対応する姿勢を求めていると言える。

(2)　小児期発症流暢症とは，一般的に吃音のことを指し，その症状が発達期から見られ，その吃音のために障害をきたしている場合に小児期発症流暢症と診断される。

　小児期発症流暢症の支援は，心理職や精神科医だけでなく，言語聴覚士にリファーしながら支援することが重要になる。しかし，言語聴覚士でも対処が難しい場合があるため，言語聴覚士にすべて委ねるような姿勢は望ましくない。

　小児期発症流暢症の子どもは，その吃音の症状のために，話すことに対する不安をもってしまうことが多い。そこで，保護者や周囲の人に「吃音があっても，吃音の子が言いたいことが言えて，周りは『あ，なるほどね』という感じで対応してあげること」がとても大切であると伝えることなど，心理教育を行なうことが支援として重要である。また，吃音の症状は成人になってからも，年を取ってからも残っていることが多いので，就職などの面接の際に，不利を被ったりする場合がある。こういう場合，面接の際に小児期発症流暢症という診断書を出すことで，吃音という理由だけで評価を低くしないようにとか，面談に多めに時間をかけてもらうといった合理的配慮を求めることも重要な支援となる。

(3) 　発達障害に限らずすべての精神疾患について，必ず診断の枠にはまらない人が存在する。原因も病態も症状も，すべてが明らかになっている精神疾患は，事実上まったくないと言えるだろう。そのため，精神疾患の診断基準は満たさないが，類似した病態や症状は明らかに存在しており，当人は現実に困難を抱えている，という人に対し，基準だけで判断すると適切な診断名を与えられず，結果，支援のベースに乗せることができなくなってしまう。そこで，基準こそ満たさないが，支援のベースに乗せる必要がある者に適切な支援を提供するために「他の～」「特定不能の～」という概念がセットされていると考えられる。

(4) 　チックを発達障害に含むかどうかは，さまざまな議論があり，発達障害をどう定義づけるかによって，変わってくる。たとえば発達障害者支援法における発達障害の定義では，発達障害が以下のように定義づけられている。「この法律において『発達障害』とは，自閉症，アスペルガー症候群その他の広汎性発達障害，学習障害，注意欠陥多動性障害その他これに類する脳機能の障害であってその症状が通常低年齢において発現するものとして政令で定めるものをいう」。この場合，チックが明記されていないため，発達障害ではないと考えることもできるし，「これに類する脳機能の障害であってその症状が通常低年齢において発現するもの」という文言を解釈することで，チックを発達障害と考えることもできる。

　ただし DSM-5 において，発達障害は「神経発達症群」という分類に集約されており，その神経発達症群の中にチック症群が含まれているため，DSM-5 を基準として発達障害について考える場合は，発達障害にチックを含むべきであると考えられる。

(5) 　過去に ADHD という診断を受けて，その後薬物を過剰に要求する患者がいたり，試験時間を延長してもらうために ADHD の診断書がほしいという合理的ではない不公平な配慮を求める者がいたりなど，ADHD は過剰診断が問題になっている。このような ADHD の過剰診断が行なわれている背景には，ADHD の症状項目だけで診断が行なわれて

いる点がある。特に ADHD の不注意や多動性・衝動性に関する項目は，本来 ADHD と診断されるべきではない人でも該当する可能性を含む項目で，ADHD と診断されるべきではない人を正確に除外することは難しい。

　一方で，ADHD と診断すべき人を除外してはいけない。薬物療法を行なうべき対象には，適切な薬物を提供しなければならない。ADHD は，薬物療法で活動の制限や参加の制約をかなり良くすることができる。もちろん薬物療法には副作用もあるのでリスクも背負うが，薬物療法をやらずに自己評価の低い学校生活を送るか，副作用のリスクを背負ってもそれなりの活動をして自己肯定感を保つかは，大きな違いとなる。よって，一概に ADHD は過剰診断を止め，薬物療法を止めるべきだ，という単純な話題ではない。ADHD は診断や対応が難しい発達障害であると言えるだろう。

(6) 　発達障害は原則として治ることはないため，より適応的に生きるためにどうするべきか，を考えることが重要である。「発達障害があっても自分はHappy であるという自己肯定感をもって，自分の人生に対して肯定的になることができる」ことを仮のゴールと考え，そのための手段として適切な介入戦略を組み立てることが大事である。そして診断は，このような介入戦略を決定するための手段と考えることができる。介入戦略を決定するための診断には，包括的な評価が必要である。つまり，症状だけを見るのではなく，個人因子や環境因子，社会活動や参加の状況などを把握し，その症状によってどのような社会的，職業的な困難が起こっているのか，その困難に対してどのような合理的配慮が提供できるのか，そのような介入戦略を組み立てるために，診断は行なわれるべきである。

　症状だけ見て病名を伝える診断には，意味がない。たとえば自閉スペクトラム症の場合，症状だけを見て「あなたは自閉スペクトラム症です」ということだけを伝えるのではなく，「あなたは自閉スペクトラム症で，それゆえに周りでこんなことが起きているから，このようにしましょう」という支援の方向性まで伝え，子どもや家族・関係者が診断を受け入れる苦痛に見合う「価値」を提供できてはじめて，診断の意味があると言えるだろう。

PART 2

発達障害支援における心理職の役割

発達障害支援において，期待される心理職の役割を明確にしたうえで，公認心理師の時代の心理職の今後の発展に向けての課題を議論します。

```
講義
田中康雄
医療法人社団倭会こころとそだちの
クリニック　むすびめ　院長
```

0 はじめに：生活障害としての発達障害

1. 発達障害のとらえ方

　PART 2 では発達障害の細かい話をお伝えするのではなく，心理職や精神医療を生業としている者たちが，発達障害にどのように向き合ったらよいのかをお伝えしたいと思います。

　この PART 2 では，発達障害を図 0-1 のようにとらえています。

　まずは**発達の多様性**です。人には生来的にもっている発達の特性があります。たとえば言葉がゆっくり育っていく人がいれば，知識をゆっくり獲得していく人もいます。対人スキルを自分の価値観で獲得していく人もいますし，外界からの感覚を非常に強く感じ，怯えながら，しかしそれが正当な生活だというふうに認識して日々を送る人もいます。

　それに加えて**関係性の躓き**があります。人間社会で生活していく中ではさまざまな軋轢があります。それは「オギャー」と産まれた瞬間から，お母さんとのお付き合いをどのようにしていくのかから始まります。さすがに「この母とどう付き合っていこうか」と深く悩んでいる赤ちゃんというのは想像しづらいですが，日々の生活の中で「お母さんとかかわりにくいな」という漠然とした感覚をもっている可能性はあります。また，時々現れるお父さんに「この人は何者だ」と思ってみたり，3 歳・4 歳ぐらいになって幼稚園や保育所に入れられて「なぜここで生活しなきゃならないんだ」と思ったりします。しかも幼稚園や保育所は「いやだ」と拒否しても，その拒否はたいてい通用しません。そうこうするうちに，何だかわからない小学校というところに行くことになる。誰もがそういう人生を送るわけです。

　その中で，「人生とはそういうものだろう」とほどよく流されやすい人たちは，関係性ではあまり躓きません。実際に多くの方は「まあそうなんだろうな」「泣いたってしょうがないな」と思って，ある程度経つと諦めます。

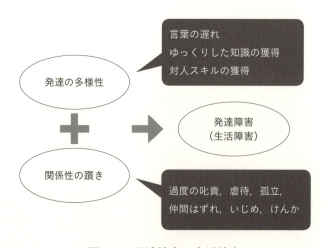

図 0-1　発達障害は生活障害

0 はじめに：生活障害としての発達障害

それに対し「絶対諦めないぞ」という強い意思をもって，信念をもって泣き続けるお子さんもいます。その泣き続ける強い意志のほうに軍配を上げたいと思いたいところですが，泣き続けるほうはそんな軍配なんてもらっても仕方ないでしょうし，その子のお母さんは泣き続ける子どもが軍配なんてもらった日には，さらにどうしたらいいのかわからず悩んでしまうことでしょう。

その結果，必要以上に叱責を受けてしまったり，場合によっては集団からいじめられたり，無視されてしまったり，思いが通じなくて誤解されてしまったりと，さまざまな生活上のしにくさを実感することでしょう。「生活というのは大変だなあ」と思いながら生きているわけです。発達障害の子どもたちが感じている困難は，生来的にもっている発達の多様性がその子自身とさまざまな対人・対環境における関係性の中で，よく理解され，配慮ある対応がなされにくいことで，生活のしづらさとなると考えることができます。すると，発達障害は生活障害であると考えてもよいのではないでしょうか。

2. 何が「障害」されているのか

いまや発達障害という言葉は有名になり，たくさんの本も出版され，発達障害という名前で支援法[01]も出ている「きちっとした」名称です。しかし，発達障害と呼ばれている方々とお会いすると，その方の，長い時間的推移から現れてくるプロセスである「発達」が障害されているとは思えないのです。みなさん，昨日よりも今日，今日よりも明日，立派に成長されています。発達のプロセスに障害があるというような発達障害という表現は，何か違和感があります。たとえば，多くの方は生活が安定してくると，臨床の場に登場しなくなります。仮に高等養護学校[02]で苦労していたとしても，就労し，生活が安定し，お金を貯めていく中で，休日や趣味を楽しめるようになると，臨床の場に姿を現さなくなる方がいます。以

講義メモ　　　　　　　　　　　　　　　　　　　　　　　　宮川 純（河合塾KALS講師）

[01] 発達障害者支援法　2005年に施行。2016年に改訂。「発達障害者の心理機能の適正な発達及び円滑な社会生活の促進のために発達障害の症状の発現後できるだけ早期に発達支援を行うこと」を目的とする。
[02] 高等養護学校　高等部のみの養護学校のこと。障害をもつ者の就労支援も含めた教育を行なう。なお2007年以降，障害児に教育を行なう学校はすべて「特別支援学校」と呼ぶよう統一化されたため，高等養護学校も特別支援学校と呼ぶことが一般的である。

前ある患者さんが，お金を貯めてカメラを持って日本中の電車に乗って風景を撮り，外来に来て「写真を見てください」と，300枚の写真を見せてくれたことがあります。その方は，写真を一枚一枚説明してくれました。この人は，生活を楽しむこともできていて，もう発達障害という名前は必要ないのだと思います。

　今，発達障害がもつ脳の多様性を科学的に究明しようと，前頭葉03の働きを見たり，赤外線を使って血流を見たり，遺伝子検査をしたりと，脳の秘密を解明するという，医学者や科学者であればたどり着いてみたい究極の望みに向けて研究されている方がたくさんいます。かたや，脳の器質的な働きや機能的な働きだけでなく，本人の心の動きはどうなっているのだろうという点に注目されている人もたくさんいます。精神医学や臨床心理学は，脳と心を行ったり来たりしながら，考え進んできたのかもしれません。このような脳や心の謎を解明することは確かに大事なことなのです。しかし一方で，生活上の困難を抱える子どもたちにとって大事なことは，日々を落ち着いて，安心して生活していくことであり，支援者はそれを応援するべきではないかと思います。これは臨床の基盤をなし，だからこそ，発達障害は生活障害であるという視点を大事にしたいと思っています。

「発達」に障害がある？

昨日　　今日　　明日

みな、立派に育っていく　確かに「発達」していく

では、何に「障害」がある？

過度の叱責、虐待　　孤立、仲間はずれ　　いじめ、けんか

生活のしづらさ、生活上の困難だからこそ　生活障害

講義メモ

03 前頭葉　大脳のうち，意思決定や感情制御など，最高位の精神機能を担う部位。

生活の質を高める支援

 生活障害の生活の質を高めるために

　生活障害は，まさしく生活の質を高めることである程度は克服できると考えられます。では，支援者は生活障害の生活の質を高めるために，どのような応援ができるのでしょうか。

> **ポイント1　生活障害の質を高めるために支援者は…**
>
> ・生活者として「最善を尽くす」：**フットワーク**よく動く
> ・その人の生きようを重視した生活相談を行なう：どう生きたいかを問い続ける
> ・当事者が自分で決めて歩むことを応援する：結果を引き受ける力とリジリエンスを信じる
> ・できるだけ多くの応援団を作り続ける：**ネットワーク**を作る
> ・「障害を治す」のではなく，状況，関係者を修復する工夫を考え続け実践する
> ・互いが痛みに「もちこたえる」（互いに生き延びる）
> ・互いが人生は捨てたものじゃないという体験をする
> ・自らを磨く：**ヘッドワーク**を続ける

　ただそのことを考える前に，私たちが「支援者」であるという言い方そのものが偉そうなのかもしれません。私たちも「支援者」である前に，「生活者」です。生活障害の方に対して「今，私のほうがほんのちょっとだけ余裕があるから，あなたの悩みを聞くことができます」と言えるだけの位置づけにすぎません。そのような中で支援者として，生活者として「最善を尽くす」ことが求められます。そのためにも，まず**フットワーク**よく動くことが必要です。

　また，「その人の『生きよう』を重視した生活相談」も大事です。「どう生きたいのか」ということを問いながら，その「どう生きたいのか」にどうしたら近づけるのかを考えます。しかもそれは，生活障害のある方が自

分で決めて，自分で歩む必要があります。自立というのは「自分の財布の中身を見て，今日何を食べるかを決められること」とたとえることができます。「今日は食べないでなんとか明日までもたせて，明日豪勢にしよう！」ということや，「明日のことなんて考えずに，今日パーッと使っちゃえ！」という自己決定ができることです。こういうとき，周りの人はたいてい「1日500円ずつ，計画的に使いなさい」とか言いますけど，これは余計なお世話です。支援者の価値観を押しつけるのではなく，自分で方向性を決めて歩むことを応援したいものです。ただし，自分で決めたからには，結果もある程度は自分で引き受けなければなりません。「昨日，豪勢に食べたから，今日は腹が減りました」と言われても「うーん，仕方ないじゃないか。だって昨日，おいしかったでしょう？」という話をして，「今日は耐えよう」という話をします。このように，自分で結果を引き受ける力と，リジリエンス**01**を信じていくわけです。

　生活者としてできるだけ多くの応援団を作り続けることも大事なことです。一人で解決しようとすると，どうしても一人の価値観に陥り，どんどん狭小化**02**していきます。しかし，自分と別のタイプの人と出会うことで，**ネットワーク**は膨らんでいきます。障害を治したり，発達の多様性を変えようとすることではなく，その人の置かれている状況や関係性を修復することによって，その人の躓きと思われていた特性が長所になることも少なくありません。

　このような状況や関係性を作るためには，どうしてもお互いが痛み分けをしなければならない場面が出てきます。合理的配慮**03**に関して言えば「みんなが一律に同じように」ということではなく，個人個人の特性や能力に合わせた配慮を求めるため，いろいろと変動していきます。そうすると当然「なんで俺がそんなことをしなきゃならないんだ」とか「どうして私が，そこを引き受けなきゃならないの」といったような不公平感を感じる場面もあるはずです。職場でも「どうして彼が仕事で穴を開けたところを，僕が補填しなきゃならないんだ。彼が自己責任でやるべきじゃないか」と思う場面があるはずです。でも，そこで「あなたのほうにちょっと力があるんだから，そこをなんとか支えてやってくれよ」「あなたが風邪を引いたときは，僕が頑張るからさ」というような痛み分けができ，「お互いに，痛みにもちこたえること」によって，生活全般が互いに生き延びる構造になっていければと思います。

　生活の質を高めるためには「いろいろあるけれども，人生は捨てたもんじゃないね」という体験を，お互いができるといいなと思っています。臨床の仕事をしていると「もう仕事辞めよう」と思うことが何度もあり，酒を飲んだり，撮り溜めたビデオを夜遅くまで見て「もう明日は仕事に行きたくない」とか言ったりしながら，翌日仕方なく頭が痛いのを誤魔化しな

講義メモ

01 リジリエンス　レジリエンスとも言う。困難な状況下において適応的な機能を維持しようとする，個々の耐久力・抵抗力・柔軟性のこと。

02 狭小化（きょうしょうか）狭くて小さくなっていくこと。

講義メモ

03 合理的配慮　詳細はPART 1，PART 3，PART 4を参照。ただ，このPART 2では「合理的配慮を受けていない側の視点」が語られているという点で，PART 1，PART 3，PART 4と視点が異なる。

がら臨床に出向くことがあります。時に「人生，捨てたもんじゃないなと思える一瞬」に出会えることがあります。その一瞬は，臨床に来てくださる方から日々は苦しいだけではないと教えてもらったものです。ということはもしかすると，こちらからも「人生は捨てたもんじゃない」という何かを発信していることもあるんじゃないか，ということを思いながら互いに生き延びているわけです。同時に，自分の専門性を磨くための自己研鑽としての**ヘッドワーク**を続けていくことも重要です。

2 生活障害に対する心理職の役割

　生活障害に対する心理職の役割としては，まず今の状況を**アセスメント**することがあげられます。どうして生活がうまくいかないのかについて探り続け，どうしたらよいかの対応策を考えていくことです。そして同時に，これからどうなっていくのかという半歩先を想定する，道標のような役割ももつべきだと思います。そのうえで，具体的な対応を提案していきます。このとき，どうしたらうまくいくのか，環境調整の提案をするのですが，せめてマイナスにはならないようにすべきです。登山にたとえますと，荒れた天候のときは無理して登るのではなく，ビバーク[04]します。到達はしないけれども，せめて大きな傷にはならないよう，あえてそこに留まるという判断も時には必要になります。

　もちろん専門的な心理相談も心理職の役割です。発達障害に関する心理相談の目標は，生活の障害の軽減です。なぜなら生活の障害がない発達障

> 講義メモ
>
> **04 ビバーク**　登山用語。雷雨，豪雨，猛吹雪などが予測され，正常な行動が困難である場合に行なわれる，緊急的な野営のこと。

害は，前章でもお伝えしたように，それはもうすでに発達障害ではないのかもしれないからです。途切れることなく継続的であること，そしてともに一喜一憂しながら悩み続ける生活者の視点をもち続けながら行なう心理相談は生活相談そのものです。

　そもそも，私たちは家族にもなれなければ親にもなれません。その方の人生の伴侶としてサポートしていくだけの覚悟もありません。ですから，家族や仕事上のつながりのある覚悟をもっている人たちの生き様を邪魔せず，敬意をもったかかわりを心理相談で行なう必要があります。心理相談の中では，生活のもつれた糸をほどきながら，1 本ずつつないでいける結び目を探し続けることも大事です。ここで日常生活を応援する関係者との連携が重要になります。関係者との連携とは，専門職だけではありません。実際に日々ともに生活をしているのは職場の上司であったり同僚であったり，旧来の友人であったりします。そういう方たちに敬意を込めつつ生活の支えを託していくことによって，私たち専門職と呼ばれる者がフェードアウトしていける状態を目指していきます。

ポイント2　　**生活障害に対する心理職の役割**

- アセスメント
  - ▶今の状況を評価する
  - ▶どうしてうまくいかないのかを見つけ，どうしたらよいかを考える
- 見通しをつける
  - ▶これからどうなるのかという半歩先を想定する
- 具体的な対応を提案する
  - ▶どうしたらうまくいくのか
  - ▶環境調整の提案
  - ▶せめてマイナスにならないような配慮
- 目標
  - ▶生活の障害の軽減：生活障害のない発達障害（それはすでに発達障害でもない）を目指す
- 生活相談
  - ▶継続的であること
  - ▶ともに一喜一憂しながら悩み続ける生活者の視点
  - ▶当事者，家族が生き続ける生活に，邪魔にならない程度に共存する
  - ▶生活のむすび目を探し続ける
  - ▶日常生活を応援する関係者との連携を目指す

日常生活を応援する応援団

友人　親　上司　同僚　専門職

3 発達障害の支援とは

次に，発達障害の支援についてまとめます。

ポイント3　発達障害の支援とは

- 日々の生活を応援すること
- 生活を支えるためには
  ▶ご本人：長所と抱えている課題のアセスメント
  ▶家族：家族構成と役割，それぞれが抱く生活のイメージ，生活する力（情緒的絆と経済力），解決したい課題とそれに向き合う力のアセスメント
  ▶関係機関：ご本人と家族に向き合う思いと力をアセスメント
- これらの査定をもとに応援方法を企画する
  ▶どのようにすることで，今よりほんの少し落ち着いた，楽しめる生活に近づけられるか
  ▶できるだけ，簡単な介入場面から取りかかる

　発達障害の支援とは，日々の生活を応援することです。生活を応援し，支えるためには，本人の長所と抱えている課題のアセスメントが必要です。それと同時に，発達と生活の躓きに関しては，家族の評価がとても参考になります。家族の構成と役割はどのようになっているのか，それぞれが抱く生活のイメージとはどのようなものか。そして，家族の生活する力もアセスメントします。この生活する力には情緒的な絆と経済力も含まれます。情緒的な絆が不適切であると，アビュース[05]のようになっていき，不適

講義メモ

05 アビュース　虐待のこと。

切なかかわりになっていきます。また，経済力も家族の生活する力にかかわる非常に大きな要素です。さらに，家族が解決したい課題とそれに向き合う力も同時にアセスメントしていく必要があります。このように，当事者だけを評価するのではなく，家族全体をアセスメントしなければ，スムーズな生活の支援はできません。

関係機関の力も当然評価しなければなりません。住んでいる地域の関係機関が，ご本人と家族にどの程度の向き合う思いと力をもっているかというアセスメントです。地域によっては，福祉サービスが十分とはいえないところがあり，障害者の支援センターも潤沢でないこともあります。Ａ型Ｂ型の就労継続支援[06]も地域差があるでしょう。ですから，関係機関のアセスメントも含めて，今ある地域力の中で応援の方法を企画していく必要があります。

応援方法の企画に関しては，どのようにすることで，今よりほんの少し落ち着いた，楽しめる生活に近づけるかを考えます。そしてできるだけ簡単な介入場面から取りかかるべきだと思います。たくさんの本を読んで，専門性を高めてから介入しようとすると，目の前の方に対するサービスは停滞してしまいます。心理職としてのスキルアップもとても大事ですが，今もっている力で何とかできることも大切です。小さいところから取りかかりましょう。たとえば，毎日電話をかけて「元気かい」と言うことも十分な介入ですし，週に１回訪問するということだけでも，十分な生活支援になります。外来で，お財布の中を開けてもらって小銭の整理をしましょうとか，できるだけ小銭を使わずに札で出すようにしてもらい，お釣りをビニール袋に入れてその小銭を整理する…ということをするだけでも，生活の支援になっているのです。

講義メモ

06 就労継続支援

・Ａ型…障害により企業で働くことが困難な者に対し，雇用契約に基づいて，生産活動，その他の活動の機会の提供，その他の就職に必要な知識および能力の向上のために必要な訓練・支援を行なう。

・Ｂ型…障害により企業などに就職することが困難な者に対し，雇用契約を結ばずに働く場所を提供する。

Ａ型とＢ型は，雇用契約の有無という点が最も大きな違いである。

まとめ

・発達障害の支援とは，発達障害の生活の支援を行なうことである。
・生活の支援を行なうために，心理職にはさまざまな役割が求められるが，最終的にはフェードアウトしていける状態を目指していく。
・生活の支援を行なうためには，本人だけでなく，家族や関係機関，地域力のアセスメントが重要となる。

2 発達支援における心理職の役割

　ここからは、生活障害の支援に関して心理職に期待することを分野別に述べていきます。

1　心理職に期待すること：医療現場（1）

　まず**医療現場**です。昔、心理職の若い先生に心理検査をお願いしたときに、「先生[01]は何を期待して、心理検査を依頼したのですか」という質問をされたことがあります。そのときは、あまりよい返事ができなかったのですが、以降、その質問がずっと自分の中に残っています。心理職の先生に心理検査をお願いすることで、何を評定していただきたいと思っているのか。自分の面接では補えない、できないところをどうしたら補ってもらえるだろうか。それにより、次の対応について何か大きなヒントになることがあるかもしれない。もつれた糸の中で、自分が勝手にいろいろと想像していることに、もしかしたら大きな誤りがあるかもしれない。あるいは、子どもと面と向かって話をしているだけではわからない、根っこの部分でつらいことをもっていたり、力不足に嘆いていたりすることがあるかもしれない。面接の中で、相手が鎧のようなものをまとっていて、なかなか隠れて出てこないところがあるかもしれない。日々の臨床で悩み困る中で、「少し助けてほしい」と心理職の先生にお願いをしたい場合、心理検査を依頼するのでしょう。

　もちろん、ただ心理検査を依頼するだけでなく、**テストバッテリー**[02]も心理職の先生と一緒に検討していきます。心理検査は、外科手術と同じぐらい侵襲性[03]の高いものだと思われますから「心理検査をやってね」「はいやります」というような単純なものではありません。ですから、相手の心理発達の状態を知りたい場合は、「まず検査ができそうな雰囲気になるまで心理職の方と本人で数回面接を繰り返してくださいね」ということも伝えます。

　また心理職の方には、家族が本人を理解するようなお手伝いをしていた

 講義メモ

01 PART 2 の筆者である田中康雄先生は精神科医。2018年現在は、こころとそだちのクリニックむすびめ院長。

講義メモ

02 テストバッテリー　多面的に理解するため複数の検査を組み合わせること。ただし、検査の数を闇雲に増やすことは、被検査者の負担となる点も考慮せねばならない。

03 侵襲性　侵入し襲うこと。特に心理検査については、検査の過程で、被検査者が触れてほしくない領域まで検査者が踏み込んでくるような感覚を強く感じる場合、侵襲性が高いと表現する。

PART 2　発達障害支援における心理職の役割

講義メモ

04 ペアレント・トレーニング　子どもへの肯定的な働きかけを親が習得すること。詳細は PART 4「4　ASD の基本的な支援方法」を参照。

だきたいと思っています。それが，**ペアレント・トレーニング**[04] などの親支援の依頼になったり，家族の**心理教育プログラム**の依頼になったりします。もちろん，個別の心理相談をしてもらうこともあります。実際の現場に行って，生活の状態を見てもらうこともあります。子どもの場合なら学校現場や幼稚園の現場に行って，実際に生活の様子を見てもらうことで，先生の疲れ具合や保育士さんの考え，園のもっているポリシー，そういったものもアセスメントしていただきたいと思っています。子どもたちが，どんな文化の中で生活しているかを，アセスメントしていただきたいのです。

　心理職の方には，戸惑う医師を応援し，相談に乗ってもらいたいと思っています。医者は戸惑っています。短い時間の中で何か判断しなければならないし，何かお土産をもって帰らせなきゃならないという強迫的な考えもあり，非常に困っています。そのような戸惑う医師を応援して，相談に乗ってもらえたらうれしいです。また，医療的な判断を強化して，具体的な応援を行なうために力を貸してほしいという点も期待しています。

ポイント1　心理職に期待すること：医療現場 (1)

・この子の心理発達の状態を知りたい
　▶諸調査の依頼（一緒にテストバッテリーを検討）
・家族に子どもへの理解を深めてもらいたい
　▶ペアレント・トレーニングなどの親支援の依頼
　▶心理教育プログラムの依頼
・個別の心理相談をしてもらいたい
・実際の現場に行って，生活状態を見てもらいたい
・戸惑う医師を応援し，相談に乗ってもらいたい
・医療的判断を強化し，具体的な応援を行なうために力を貸してほしい

2　心理職に期待すること：医療現場 (2)

　病棟にいる当事者の方たちとかかわる場合，チームでかかわっていくことになります。このとき，基本的には看護チームがかかわっていくわけですが，看護チームには看護チームのアイデンティティがあり，医師が参加することでよきチームになる場合と，輪が乱れる場合があります。そのような医師と看護チームの連携，看護チームと当事者の方たちの向き合い方，

また家族との連絡のとり方，家族へのかかわり方などについても，心理職の方々には助言してほしいと思っています。

　また，心理職の方には，看護者に打ち明けない当事者や家族の悩みの相談を引き受けてもらいたいという思いもあります。看護者に打ち明けない悩みを心理職の方が引き受けたとしても，看護者の力が足りなかったのではありません。相談者が適材適所として判断したにすぎません。ただこのようなときは看護者にもさまざまな戸惑いが生じます。心理職の方には，このような戸惑う看護者も応援し，心理面の相談にも乗ってもらいたいのです。

　さらに心理職の方には，医療的関与から生活支援へ移行する橋渡しとなっていただき，具体的な生活の応援を行なうために力を貸してほしいと思います。

> **ポイント2**　**心理職に期待すること：医療現場（2）**
>
> ・外来・病棟でのかかわり方の助言がほしい
> ・家族へのかかわり方の助言がほしい
> ・看護者に打ち明けない悩みの相談を引き受けてもらいたい
> ・戸惑う看護者を応援し，相談に乗ってもらいたい
> ・医療的関与から生活支援への移行への橋渡しとなり，具体的な応援を行なうために力を貸してほしい

3　心理職に期待すること：教育現場

　教育現場における心理職，この場合，主にスクールカウンセラーという立場になりますが，その方には次のようなことを期待しています。まず，子どもの様子を理解して，学校でできる対応がどのようなものか，教育現場へわかりやすく助言してほしと思います。また，家族へのかかわり方の助言もほしいです。とはいえ，スクールカウンセラーも忙しく，常駐している場合は少ないものです。たとえば，子どもに「スクールカウンセラーが相談に乗ってくれるよ」と言うと，「確かに相談に乗ってくれるけど，スクールカウンセラーは週1回しかいないから」「スクールカウンセラーは月1回しかいないから」と言われてしまいます。それでも，教師に打ち明けない悩みを，心理職の方には話せることはあるだろうと思います。心理職の方には，ぜひそういう悩みの相談を引き受けてもらいたいです。

　また，医師や看護職と同様，教師も戸惑っています。ですから教師の相

談にもぜひ乗ってもらいたいと思います。当然，生活障害の理解促進にもぜひ力を発揮してほしいと思います。

　そして，クラス集団の中にいる生活障害のある子どもと，クラス全体の動きを評価していただきたいです。スクールカウンセラーとして活動している方はご存知だと思いますが，生活障害のある子どもを個別に見たときのその子の力と，集団の中に入ったときのその子の動きと，その動きを他の子どもたちがどのように評価しているかという重なりの中で，生活障害のある子どもの教室での過ごし方が作られていきます。たとえば，生活障害をもっているAちゃんの問題だけではなく，AちゃんとBちゃんの力関係や，BちゃんとCちゃんの関係が，教室の乱れ具合を作っており，Aちゃんの生活のしんどさにつながっていることもあるのです。生活障害のある子どもの現状把握には，このような生活を共にしている集団への視点が欠かせません。実は教師は，その集団には目が向きやすく，対して心理職は，どちらかというと集団よりもあくまでも個に目が向きやすいようです。そのため心理職の方は，集団のあり方をアセスメントしつつ教師の集団への視点で埋もれてしまいがちな個としての当事者の痛みを拾い上げて，教師の視点を拡げてほしいと思います。それには教師とのチームワークの形成が大切になります。

> **ポイント3**　　心理職に期待すること：教育現場
>
> ・子どもの様子を理解し，学校でできる対応を知りたい
> ・家族へのかかわり方の助言がほしい
> ・教師に打ち明けない悩みの相談を引き受けてもらいたい
> ・戸惑う教師を応援し，相談に乗ってもらいたい
> ・管理職，同僚の理解促進に協力してほしい
> ・クラス集団の中にいるその子と，クラス全体の動きを客観的に評価し，具体的な応援を行なうために力を貸してほしい

講義メモ

05 ウェクスラー　ウェクスラー式知能検査のこと。児童用の最新版 WISC-IV では，以下の4つの知的能力を測定する。・言語理解（VCI）・知覚推理（PRI）・ワーキングメモリー（WMI）・処理速度（PSI）

　ところで，教育現場でウェクスラー[05]などの心理検査をやっていただいた結果が同封されてクリニックに届くことがあります。時々，グラフや数値だけが送られてくることもあります。それでは，正直，検査の中で子どもがどのように語ったのか，それに対して検査をした先生がどのように対応したかというライブ感は伝わってきません。グラフや数値だけ見ても，その数値の後ろにある検査の風景を想定することはできません。数値で出てくる結果だけでなく，検査の中で生々しく1時間も2時間も行なわれる周到な面接の中で，いかにその子どもの力を評価したのかに力点を置かれる心理の先生は，その部分に非常に心を砕き，報告書に詳しく書いてく

2　発達支援における心理職の役割

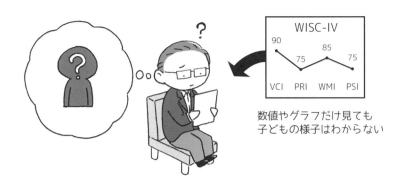

数値やグラフだけ見ても
子どもの様子はわからない

だといます。それを見ると，数値以上にその子どもの生き方のつらさがわかります。その子の力が正しく評価できる報告を共有する動きも，心理職の方には期待したいところです。

4　心理職に期待すること：福祉現場

最後に，福祉現場における心理職に期待することをお伝えします。たとえば定期健診[06]の場であれば，子どもの育ちを評価し，家族に対して子育ての労をねぎらってほしいと思います。そのうえで，家族に対応して，次の道を一緒に考えて提示していただければと思いますし，家族が生活を支援してくれる保育・教育・医療の方に言いにくいことを聴き取り伝えるなど，家族と生活の応援者の橋渡しもしてほしいと思います。

> 講義メモ
>
> 06 定期健診　健康診査のこと。乳幼児の場合，1歳半と3歳の2回行なわれる。

> **ポイント4**　心理職に期待すること：福祉現場
>
> ・子どもの育ちを評価し，子育ての労をねぎらってほしい
> ・家族に対応し，次の道を一緒に考え，提示してほしい
> ・支援者の方に言いにくいことを聴き取り，橋渡しをしてほしい
> ・家族に対して言いにくいことを上手に伝え，希望を与えてほしい
> ・地域資源を把握し，生活ネットワークのキーパーソンになってほしい

また，生活を支援する方々が家族に対して言いにくいことを代わって上手に伝え，希望を伝えてほしいと思います。障害や遅れということに関しては，小さいお子さんであればあるほど，お父さんもお母さんも心を痛めやすいです。小さな不安があっても，心配をかけたくないということで「心

講義メモ

07 障害を伝えること 障害を伝えることの苦痛に関しては，PART 1「1 総論：神経発達障害群」も参照。

配ないよ」と伝え，安心させるだけでは間違いではないかと思います。だからといって単に「障害です」と伝えることが，お子さんやお母さんにどれほどの精神的ダメージを与えるか[07]を考えると，簡単に伝えるわけにもいきません。お子さんやお母さんにとって，どういう表現で，どういう伝え方をすると，どのような受け止め方をするだろうかという点も，アセスメントしたうえで対応しなければならないと思います。

そして，最終的に心理職の方には，地域資源を把握して，生活ネットワークを形成するうえでのキーパーソンになってもらいたいと思っています。

まとめ

- 医療現場，教育現場，福祉現場，それぞれの現場で心理職に期待されていることがある。
- それぞれの現場で心理職には，子どもの適切な理解（＝アセスメント）が求められている。
- 生活障害の子どもを支援するネットワークを作るうえで，心理職にはネットワークをつなぐ橋渡しとなる役割が期待されている。

3 心理職の発達支援技能を高めるために

1 アセスメントとは

　心理職に期待していることとして，**アセスメント**があげられます。アセスメントについて「有効な諸決定を下す際に必要な患者についての理解を，臨床家が獲得していく過程」とコーチン（Korchin, 1976）は述べました。ここで大切なことは，アセスメントが検査や観察・面接の「結果」ではなく「プロセス（＝過程）」[01]だということです。プロセスであるということは，どこかにあるゴールに向けて進むのではなく，今日も明日もアセスメントを続けていくということです。

　日々**研鑽を続ける**ことで，専門職としての知識や技術を獲得していくことは，とても重要です。それにより，半構造化面接や心理検査など**フォーマルなアセスメント**[02]をするための力をつけることができ，客観的な情報収集が可能となるからです。

　また，経験に基づく**インフォーマルなアセスメント**[03]も重要です。ある先生は「臨床家が自閉症を語るのであれば，100人以上の自閉症のお子さんを診たうえで語っていただきたい」ということを述べています。100

講義メモ

01 アセスメントのプロセス
アセスメントのプロセスについては，PART 3「6 アセスメントから始まる支援」も参照。

02 フォーマルなアセスメント　被検査者の特性や傾向を数量化し，客観的・科学的に把握すること。詳細はPART 3「5 包括的アセスメントを行なうために」を参照。

03 インフォーマルなアセスメント　日常場面の観察や聞き取りから，対象の特徴を直接把握すること。詳細はPART 3「5 包括的アセスメントを行なうために」を参照。

研鑽し続ける	己に向き合い続ける	理解し続ける
フォーマル　（半）構造化面接，テストなどからの客観的な情報収集	自分の心に自然に生まれる相手・家族等へのさまざまな思いに向き合う	**インフォーマル**　相手の特質への配慮や経験の積み重ねから精製されてきたプロトタイプの内的検証と避けがたい主観的判断といった直感的判断

患者・家族・現場・地域を理解し続け，応援する手立てを考え，実践し，振り返り続ける

図 3-1　アセスメント（Korchin, 1976）

人でも200人でも，たくさんのお子さんを見ると，誰一人として典型的と称されるお子さんがいないことに気づきます。このような経験の積み重ねに基づくインフォーマルなアセスメントを行なうためにも，**経験し続けること**，経験を身につけていくようなスーパーヴィジョン[04]や研修が必要であろうと思います。

そしてもう一つは，私たち**自分自身に向き合い続ける**ことです。自分自身の特性を知り，自分の心に生まれてくる部分を知ることです。お子さんに対する感情も家族に対する感情も，普段から「冷静であれ」とは思っていますが，それでもさまざまな感情が出てきます。自分自身の感情と，きちんと向き合いながら，目の前の子どもたちにかかわることが重要です。

これらのことをふまえて，患者・家族・現場・地域を理解し続けて，応援する手立てを考え，実践し，振り返り続けて，改正していきます。改正していかなければ，アセスメントは「プロセス」にならないわけです。

講義メモ

04 スーパーヴィジョン より経験を積んだ専門職に報告し，指導や助言を受けること。

フォーマルアセスメントのための技術や理解を学ぶ　　自分の中にある子どもや家族への思いに向き合う　　インフォーマルアセスメントのための多くの経験を積む

学び続ける　　己に向き合い続ける　　経験し続ける

アセスメントはプロセスである

2　心理職が期待すること

最後に，心理職の方が自分の仕事にどんな期待をしているだろうか，という点をまとめてみました。まず心理職とは，生活の応援者として当たり前の隣人であるとともに，冷静に現状を把握し，見立て，半歩先を予測す

る専門職であるということを心理職以外の方に広く知っていただきたいです。心理職は，単なるテスター[05]ではありませんし，何かの代役でもありません。しっかりとしたアイデンティティをもった職種です。相手の心を守り，相手の心を支え，そして成長・変化を促進していくための伴走者としての役割をもった専門職です。ですから，たとえば医師から「検査をしてください」と言われたら，「何のためですか」「先生は何を知りたいのですか」「そこから何を得たいのですか」「先生の臨床にどこまで反映するつもりで，この侵襲性のある検査をしようと思っているのですか」「WISCであれば，これくらいの時間がかかると思いますが，その疲れ具合を含めたうえで依頼しているんですよね」ということを，喧嘩にならないように対話してほしいと思います。

次に，フォーマルなアセスメント力を保証する時間と待遇が必要かと思います。守秘義務の観点から，フォーマルなアセスメントの結果の整理を家に持ち帰るべきではありません。しかし心理検査の結果について，家でレポートを書いている方が実際にいます。心理検査の結果をまとめる時間まで含めたものが労働時間であるべきです。そうでもしないと，私たちは疲弊してしまうことでしょう。また，インフォーマルな経験の積み重ねと専門的なスーパーヴィジョンの保証がないと，専門職者としての発展も期待できません。

己に向き合い，痛みに耐えなければならないときもあります。時に喜びを享受するうえで必要な，心のゆとりの保証も必要です。どこかで自分の気持ちを緩めなければ，やっていくことはできません。臨床というのは孤独に耐えることだろうと思っています。他職種との連携を楽しみながらも，他職種との出会いのあとで1人になったときの孤独に，いかに耐えられるかが，重要ではないかと思います。私たちは「孤立はしていないけれども，孤独をもって生きている」ということを知り，そして自分の生活も応援できることが大事なのではないでしょうか。

> **講義メモ**
>
> [05] テスター　主に医療機関などで，心理検査の実施と報告を主な業務とする者のこと。

孤独や痛みに
耐えなきゃならないときもある

だから、
自分の生活も応援してあげよう

ポイント1	心理職が期待すること

- 生活の応援者として当たり前の隣人であるとともに，冷静に現状を把握し，見立て，半歩先を予測する専門職であることを理解してほしい
  - ▶単なるテスターでも，誰かの代役でもない
- フォーマルなアセスメント力を保証する時間と待遇
  - ▶守秘義務の観点からも持ち帰っての仕事ではない
- インフォーマルな経験の積み重ねとスーパービジョンの保証
- 己に向き合う痛みに耐え，時に喜びを享受するうえでも必要な心のゆとりの保証
- 孤独に耐え，他職種との連携を楽しむ
- 自らの生活も応援できる

まとめ

- アセスメントとは，「理解を臨床家が獲得していく過程」のことであり，常に理解し続ける「プロセス」のことである。
- 心理職はただのテスターではなく，独自のアイデンティティをもった専門職である。
- 痛みに耐え，己に向き合う中で孤独を感じることもある心理職は，自分の生活も応援できることが，必要である。

4 発達障害支援についてのQ&A

Q1 生活障害という名称は，田中先生の作られた言葉なのでしょうか[01]。

> **講義メモ**
> **01** 本講義は，「シンポジウム『発達障害のアセスメントと支援の最前線』」(2016年 於：東京大学) でのディスカッションを編集したものである。

A1 生活障害という言葉は造語です。1970年代，精神科領域で生活臨床という言葉がありました。群馬大学の臺（うてな）教授が，当時は精神分裂病，現在は統合失調症と呼ばれている障害の発生を予防するプロジェクトを考えました。精神分裂病の発生を予防するプロジェクトということでスタートしたのですが，実際には発生を予防することはできませんでした。しかし，再発を予防するために生活を支えるということで，保健師を中心に，地域で生活されている患者のところに行って，生活支援を始めました。そのことを**生活臨床**と言います。生活の中で生じる経済的な問題や，異性関係や，自分の立場が変化することで，病状が非常に悪化する。その悪化を防ぐために，病状ではなく生活のありようを分析した調査・研究が行なわれました。現在の発達障害の支援とかなり近接している発想です。当時の統合失調症はまさに生活障害であり，その生活を，生活者として支えていく臨床家は，出会うたびにおなじみの関係になっていき，おなじみの関係の中で生活を一緒に考えるぐらいの付き合いになっていくことが生活臨床の中では述べられています。

当時，発達障害のことを全然知らなかった私は，生活臨床に関する本を読んだときに「そうなのかなあ」とずっと思っていたのですが，改めて発達障害という世界で仕事をしてみると，まさに発達障害は生活の障害なのだと思うようになりました。ただ広く考えると，精神科領域の臨床で向き合う方たちは，ほとんどが生活障害にアプローチすること抜きには進められないと思いますので，発達障害だけを生活障害と呼ぶのは間違いかもしれません。いずれにせよ，原点は生活臨床から始まっているので，生活障害という言葉は私の発案ではありません。

講義メモ

02 2016年5月25日に改正発達障害者支援法が施行された。社会的障壁の除去に関する支援方針や，司法手続きにおける意思疎通手段の確保，就労支援や支援センターの増設などが主な改正点としてあげられる。

Q2 以前は「発達の多様性」を障害としてアプローチすることが非常に多かったように思いますが，今は改正発達障害者支援法02に基づく合理的配慮など，社会全体が「関係性の躓き」の方に支援をシフトしているように思います。この点について，田中先生はどのようにお考えですか。

A2

確かに「関係性の躓き」のほうの修正をしていこうという発想になっていることは，今聞いてなるほどと思いました。なぜ私が「発達の多様性」を躓きとする発達障害を語りたくないのか，お伝えしたいと思います。私が日々の臨床をしていると，こうした発達の多様性にある躓きがどうしても出てきます。それに対して，身近な親が最も傷ついていて「どのように育てたらいいでしょうか」「どうしたら言葉が出るようになりますか」「どうしたら好き嫌いがなくなりますか」「どうしたら夜泣きが減りますか」「どうしたら目を合わせてくれますか」というHow Toをまず質問されます。そして，その発達の多様性を「変えていきたい」という要望がぶつけられるわけです。相談される以上は「こうすると改善しますよ」と言ってあげたいですが，子どもたちには子どもたちで大きな目的と意思があって，今はその行動がどうしても必要だから，身を守る術として行動している側面もあるわけです。なので「子どもを変える」だけではなくて「私たちも変わろう」ということも大事になります。

そのためには，子どもの思いを察知して，翻訳していく作業をしていくことが必要です。偏食についても「好きなものをたくさんおいしく食べる」ことのほうが，今その子にとっては必要なことで，それが済んだらちょっと嫌いなものに手を伸ばしてみようかなという気持ちになるかもしれません。でも，そうなると好きなものでずっと推し進めて大人になっていくかもしれません。それを見据えて心配されることは納得できます。ただ，今は，「食べるということの喜びを一緒に共有しようよ」ということを大切にして，段階的に不安を和らげていくことが必要な場合があります。

もちろん適切な支援のためには，発達の多様性を理解していかなければなりません。発達の多様性について「そのままでいいじゃないか」とは私は少しも思っていません。彼らがもっているしんどさやつらさに関してアプローチはしたいですし，まだ小さい頃であるならば，丁寧で計画的な専門性に裏づけられた療育を提供していきたいです。しかし，療育の提供で「絶対大丈夫」と丸投げではなく，関係性を調整しながら，子どもの発達が少しずつ変化していくことに敏感になって，ひょっとすると私たちがかかわっていることによって，この子の発達の道が，砂利道だったものがアスファルトぐらいに整地されたらラッキーだよねというやりとりをしていきたいと思っています。

ですから，発達の多様性と関係性の躓きのどちらかに軍配をあげるというわけではありません。ただ「発達の多様性をもって生きているだけですから何ら問題はありません」といっても，実際にその子はとても苦労しています。音はうるさいし，においは嫌だし，そういう敏感さについて私たちは「そうだよね」と思いつつ，どうしたらそれが改善できるかということを，その子の育ちに目を向けながら，かつ関係性を整えながら，できるだけの工夫を試み続けることが必要ではないかと思います。

Q3 関係性の躓きの修復の中には，今さかんに言われている「合理的配慮」が入ると思われますが，田中先生は関係性の躓きの調整としての合理的配慮について，どのようにお考えですか。

A3 合理的配慮という言葉が出てきたことで，子どもを変えるのではなく，多様な子がよりよく生きるための環境や状況をセッティングしやすくなったと思います。また，全部子どもが自身の力でまかなわなくてもよいという考えや，及ばない部分を適材適所でサポートできるという応用が効く点で，合理的配慮の理念には納得しています。

　ただそれを実際の生活の場所で，実際のさまざまな空間の中で，どのように提供していけるのかということについては，どうも工夫やテクニックだけではないような気がしています。ソーシャル・スキル・トレーニングやペアレント・トレーニングなど，すべての技法は二者関係の信頼性をもってからでなければ活きないと思われます。どんなに技法を習得しても，その技法だけが独り歩きしていくケースより，たとえ技法は不十分でも信頼している相手とのやりとりのほうがうまくいくのではないかと思います。私は信頼に裏打ちされた関係性の中で子どもの本来の力が発揮されると思うので，合理的配慮が提案できたならばそれで解決ということではなく，その前提として，関係性をアセスメントするコーディネート力というものが求められているのではないかと思います。

　また，際限なく配慮できるものでもないという，限界設定も考えるべきであるように思います。ルールが多様化して，価値観が多様化していく中で，**合理的配慮の限界**を決めておかないと，場面によってはもめるだろうなと漠然と思っています。しかし支援の方針や考えとして合理的配慮が提案され，権利として主張できることについては，安心しています。

PART 2　発達障害支援における心理職の役割

Q4 発達障害の方の意思疎通の困難さから，改正発達障害者支援法の中で，司法手続きにおける意思疎通の手段を確保するよう求められていますが，その点について，心理職はどのような役割を果たすと思われますか。

A4 司法というところに登場してきた段階で，おそらく特殊な事情と思われます。すでに弁護士が聴き取りをした，あるいは司法のいろいろな方が聴取した中で，本当に傷つき「もう何を言っても伝わらない」という無力感になっていたり，誤解されていたりする状況の中で，後から心理職が話を聞いても「いまさらあなたに言ったところで，伝わるはずないじゃないですか」と言われてしまいます。ですから，まず司法に関連する方との連携が重要になると思われます。

　また，司法面接の場では，表現された言葉をどう聴き取り，それをどう翻訳するかという作業は「一発勝負」だと思われます。特にプライベートな問題に関連してくれば，一度発言した言葉がだんだん後づけとして形成されていき，どんどん独り歩きしていく可能性があります。そのため，発達障害をもつ方の言葉の使い方や，独特の言葉の選択について「こういう意味ではないか」と類義語として翻訳できる辞書を私たちがもっていないと，対応しきれなくなっていくと思われます。そうなると，司法面接のテクニックと必要な配慮等を事前にトレーニングしておかないと，単純に「心を扱う職種だから」というだけでは，うまくいかないのではないかという不安があります。

　とはいえ，改正発達障害者支援法で意思疎通の手段を確保するよう示されたことはとても良いことだと思うので，今後司法場面で心理を生業としている方がどのように活躍できるのか，それは私たちが「こういうことができます」ということも含めて，アピールしていくことになるだろうと思います。

Q5 心理職にとって大事な教育とはどのようなものでしょうか。

A5 広い意味で教育というのは，知識の伝達というよりも，この人のようになりたいなという魅力的な指導者が目の前に現れて，その人がモデルとなり，技術なり，考え方なり，生活感を盗みたいと思えることがとても大事ではないかと思います。そして，その魅力ある指導者からきちんと決別できる自立もとても大事であろうと思います。そうした切磋琢磨，自己研鑽していくことが広い意味での教育だろうと思います。人が

人を作っていく，伝承していくことが教育の第一歩ではないでしょうか。そこにいろいろなプログラムが入ってきて，それを自分の血となり肉となるように学びとっていかないと，表面的な理解になっていきます。博学だけど，実践力に結びつかないわけです。

　実践に関しては，相手の人生の一部を引き受ける「覚悟」はとても大事ではあるけれど，とても困難なことだと自覚しています。ただ，臨床を選んだということは，どこかでその覚悟をもちたいと思ったからこそではないかと思って，やっていくしかないのかなという気がしています。私は教育を語れるほどの立場ではありません。ただくじけないということ，あきらめないということは，とても大事だと思いますし，その覚悟をもち続けたいと思っています。また，自分の好きな分野じゃない分野のことや，まったく違う分野のことから気づくことが多いと思うので，マルチな教養が求められているようにも思います。

Q6 発達障害に対して，プレイセラピーやソーシャル・スキル・トレーニング，応用行動分析，薬物療法など，それらを選択する際の見立てや，どれが有効なのか，どういうときにそれらを導入したらよいかについて，どのようにお考えですか。

A6 私は，手法に相手をのせるのではなく，相手にとって一番適切と思える手法をアレンジしていくことが一番ではないかと思います。私は昔，プレイセラピーをやっていましたが，そうするとプレイセラピーをやるために子どもと向き合うようになってしまい，だんだん遊び道具を揃えてみたり，箱庭のアイテムを揃えることに躍起になったりして，本末転倒になってしまったことがありました。

　ですから，いろいろなアプローチは準備しておくけども「やりたかったらやろうか」というようなやんわりとしたかかわりの中で，お互いが楽しめるものであったり，お互い納得いく手法だったりするものが，一番いいんだろうなと思っています。最近のオープンダイアローグ[03]のような，水平な関係の中で対話する経験から学ぶこともたくさんあるように思います。

> **講義メモ**
>
> **03 オープンダイアローグ**
> 1980年代より始まった，フィンランド発祥の精神療法。患者，家族，医師，看護師，心理職らで90分程度のミーティングを行なうことで回復を目指す。参加者全員が平等な立場で，症状が改善するまでミーティングは毎日行なわれる。薬物療法や入院は極力避けるが，必要な場合はミーティングで決定する。

Q7 発達障害の二次障害と薬物療法について，どのようにお考えですか。

A7 薬物療法については，いろいろな批判があるかと思います。子どもの発達障害に関して，私は特効薬と言われる薬はまずないだろうと思っています。ADHD に対する薬物も対症療法で，その方の本質を変えるものではないと私は理解しています。

薬物療法にはリスクも副作用もあります。これは十分に伝えるべきだと思います。特に中枢神経系の刺激剤には，循環器系に負担がかかりますから，私は今，薬物療法を行なうときは，すべての患者さんに心電図を撮り，脈を測り，血圧を測り，場合によっては心臓の専門の先生に診ていただいて，安全かどうかをしつこくやります。そうしないと，まずいだろうと思っているからです。私は臆病なので，どの薬に関しても少ない量から始め，その薬に効果があるかどうか，丁寧に聴き取る必要があると考えています。薬を出して 3 日ぐらいしたときに，家に「飲んで，どうでしたか」と電話をかけます。1 週間後にも「どうでしたか」と聞いて，何かまずいことがあったり，飲みたくないと言ったら，止めてくださいと伝えます。薬は半分信用していますが，それですべてが解決するわけではないと思っています。

以前調べたら，私は発達障害と診断し通院されているお子さんの 12％に薬を使っていました。この 12％が多いのか少ないのかは，議論があるところだと思います。ただ，信頼関係の中でお子さんにも薬物の説明をし，作用と副作用を説明したうえで薬物療法を選択すべきであって，双方が納得いかなければ出さないというのが，私は重要だと思っています。

次に二次障害についてです。うつ病や双極性障害で治療している方に，発達障害が隠れていたんじゃないかなと思う人は，青年期以上の方に多いです。これを発達障害の二次障害と呼ぶのかは，異論があるかと思います。とはいえ，今目の前でうつ病や双極性障害で苦しんでいるのであれば，まずそこにアプローチをしなくてはなりません。それと同時にその方に発達の特性があり，それが生活の状況の困難さにつながっているのであれば，そこも含めてトータルでサポートしていく必要があると思います。どちらに診断の軍配をあげるとか，どちらが一次障害でどちらが二次障害であるかという考え方は，支援者には関心があるかもしれませんが，当事者にとってはあまり意味がないことだと思います。

そのときのインテークの留意点，大切なポイントがあります。発達障害が疑われる方の場合は，後天的に現れてくる精神的な症状以前から，生活の中での困り感をもって生きており，生きていくことに対しての絶望感をもっている方が少なくありません。大人の方で一番難しいのは，今まで頑張っていたにもかかわらず少しも良いことがないということに対して，生きていくエネルギーがもてないということを，淡々と語られる場面です。うつ病という派生した病態とは関係なく，その方の人生の一部となってし

まっている生き方に対する距離感にとても悩んでいるわけです。そこをどう支えていけるのかというのは，これからの課題になります。青年期以降になってから改めて発達障害という昔からもっていた特性を知ることで，その方はどのように感じるでしょうか。「わかってよかったね」と言ったら「今までの苦労も知らないで」と言われてしまうかもしれません。確かに発達障害という特性がわかったことで，今後の戦略は立つけれども「わからなかったこれまでの15年，20年，30年は何だったんだ」と言われてしまったときに「申し訳ない」と言うしかありません。このような状況をふまえてインテークをすることが必要です。

　ですから，発達障害があるかないかでその方を判断するのではなく，その方がどのように生きてきたのか，いかに大変だったかを推察しながらかかわる必要があります。インテークの留意点，大切なポイントは，その方のこれまでの生き方を尊重すること，ねぎらうこと，敬うことでしかないように思います。「本当によくここまで頑張ってきたね」「本当に偉いな」「自分だったらもたなかったかもしれない」と思い，そのうえで「これから，いろいろな考えで治療，生活の過ごし方について一緒に考えていきましょう」ということになると思います。

　二次障害に一つだけ良いところがあるとすれば「この症状が出たことで，私とあなたは出会えた」ということです。だから二次障害は悪しきものではなく，チケットなんですね。それがなければ，私はその方と出会えなかったのです。うつだとか不安だとかパニックだとか過呼吸だとか，出してくれてよかったなという気持ちもあります。それを伝えることもあります。「あなたの過呼吸がなかったら，あなたと出会うことはなかったでしょうから，私はあなたの過呼吸に感謝しているんですよ」と言います。こんなことを言うと，また怒られてしまうわけですが。二次障害にはこのような側面もあるのです。

Q8 虐待や二次障害をふまえて発達障害をアセスメントする際の留意点についてお考えをお聞かせください[04]。

A8
田中先生

①発達障害の場合は，生来的な「連続性」での変化を振り返り確認することができます。

②発達障害からの二次障害の場合は，ある程度の辛辣な生活の歴史と，出現の契機が説明できます。

③虐待の場合は，示す特性にも「連続性」が見られにくく，断片的症状として把握できます。特性と思われる症状も転々と変化し持続せず，ある

講義メモ

04 ここからは講演後，書面で行なわれた質疑応答を紹介する。なお，この質疑応答に関しては本書のPART 4担当の黒田先生の回答も合わせて紹介する。

いは日内変動が認められます。

こうした特性の違いを少し頭に入れて，評価するとよいかもしれません。自分の中にそれ以前にこれは虐待であろうとか，発達障害のはずだという先入観をできるだけ排除する努力も必要です。

A8 黒田先生　虐待によって発達障害のような対人コミュニケーションの困難が生じることがあります。虐待なのか発達障害なのかは，発達早期（乳幼児期）の様子を詳しく聞き取る必要がありますが，虐待をしている親からの聞き取りは難しいこともあります。また，発達障害の子どもは育てにくいため，虐待を受けやすいとも言われています。こうした虐待の背景にある，子ども側の発達障害に気づくことも重要ですし，親側にも発達障害の特徴がある場合もあり，こうしたことを考慮してアセスメントをする必要があります。

二次障害は発達障害と心理社会的環境との相互作用で生じると考えられます。現在，成人期に一般精神科をうつ・不安障害などで受診する人たちの中に発達障害を基盤にもつ人が多いことがわかっています。アセスメントにおいては，現在の症状だけでなく，その背景に発達障害があるのではないかと，常に考えておくことが重要です。

Q9 本人に発達障害の認識がない場合や，グレーゾーンである場合に診断するかしないか，どのように伝えているかに関して，気をつけていらっしゃることはありますか。

A9 田中先生　そもそも目の前の方が，われわれに何を求めているか，そしてそれにどう答えるかということが重要になります。認識がなくとも生活に困っているからこそ，相談にみえたわけです。その困っていることに焦点を当てて対応することで，自ずから関係性が深まり，どこかの時点で「ところで僕には，どのような診断名がつくのでしょうね」という問いかけがあったときに，この質問に答えることができます。それまでの付き合いと，課題から判断して，診断名をお答えするのです。ただし，われわれは，名をつけて告げることが目的でもゴールでもないことを忘れてはなりません。

A9 黒田先生　ケースバイケースだと思います。本人に発達障害の認識がなくても，二次障害などが生じている場合には，その原因として伝えることもあります。グレーゾーンの場合というのが，診断基準を満

たさないという意味であれば，当然診断は下せません。その方の特徴として，お伝えすることになると思います。

Q10 年齢や問題に応じた各心理療法・薬物療法のエビデンスや支援の実際はどのようになっていますか。

A10 この問いにおけるエビデンスを僕はもっていません。年齢，
田中先生 問題も大切ですし，本人の思いや理解力，困り感，また関係者の包容力や年齢，経済力などを懸案して，今，僕にできるであろう手法で，支援策を模索します。

A10 このご質問の回答は多岐にわたり，ご自身で多くの書籍や
黒田先生 エビデンスについては最新の論文（多くは海外のジャーナル）を読んでいただければと思います。大雑把なまとめかたをすれば，自閉スペクトラム症（ASD）についていえば，TEACCH，応用行動分析，ペアレント・トレーニングなどが広く認められていると考えられます。高機能 ASD の不安などの感情制御に関しては，認知行動療法の効果のエビデンスが最近示されています。ADHD については，塩酸メチルフェニデートの薬物療法の効果が証明されています。それ以外に，ペアレント・トレーニングや応用行動分析が効果的と考えられています。

Q11 類似の他職種とのすみわけが難しい中で，心理職に期待されていることは何でしょうか。

A11 すみわけというより，心理職という自覚と，ただの相談者
田中先生 という自覚といった，スペシャルサポートと，ナチュラルサポートの両方がバランスよくとれている，あるいは決して重ならない部分と重なる部分を自覚しつつ，混じり合う部分もあることを理解することでしょうか。

A11 発達障害の領域であれば，生涯発達心理学の知識をきちん
黒田先生 ともち，それに基づいてアセスメントや支援をしていくことだと思います。きちんとアセスメントをするためには，こうした基本的知識が不可欠ですし，発達は心理職の専門性が生かせる分野だと思います。

他職種でもアセスメントや支援をされる方はいますが、認知や言語の発達の基本的な視点がないため、表面的な理解になっていたり、支援も理論的に分析されていなかったりと感じます。こうしたアセスメントの深い理解や支援の理論的分析が心理職に求められていると思います。同時に、支援に携わる多職種の連携の要となることも期待されていると思います。

Q12 合理的配慮を当事者の周囲に求める際の伝え方、留意点についてお聞かせください。

A12
田中先生

福祉サービスも含めて、これらは、周囲からの支援ではなく、主体的に要求するものであるという当事者の権利であることを、私たち応援する側が理解しておく必要があると思います。できること、できないことの把握も大切で、それをきちんと誠意と謝罪を込めて伝える必要があると思います。

A12
黒田先生

合理的配慮は、まず当事者が求めることが基本となります。当事者の方自身が、何を必要としているかを学校・職場に伝え、学校や職場がそれに応えていくわけです。当事者の方自身が、配慮を求める点について自身で気づけない場合は、当事者の方と話し合うことが第一歩です。

Q13 心理職の専門性を高めるためにやるべきこと、必要な教育は何でしょうか。

A13
田中先生

専門性を高めるためには、専門分野の学習、研鑽となるでしょうが、同時に、人としての品性というか人間性、さらに社会性といったものを高めるための自己研鑽が求められます。それは、おそらくその人の「存在感」ということで包括されるのではないでしょうか。教育や自己研鑽には、当然ゴールはなく、日々これ鍛錬ということでしょうか。

A13
黒田先生

発達障害の領域についていえば、まず、基本的な生涯発達を学ぶことや脳科学などの基礎的知識をもつことも必要です。その基盤にたって、発達障害の行動特徴、認知特徴を学び、そのうえ

で，アセスメントや支援方法を学ぶことが重要だと思います。アセスメントや支援方法のみを学んでも，本当の理解には到達できないと思います。

Q14 国家資格化による，現在の長期的支援の難しさ（診療報酬が請求できないなど），心理職の立場の弱さに関する今後の展望をお聞かせください。

A14
田中先生
国家資格化により，心理職の立場は弱くなるということを前提にした質問でしょうか？　国家資格になったことで社会的認知は拡がり，おそらく立場は強くなったと思いますが，同時にそこに生まれる義務や責務もまた大きくなったといえないでしょうか。診療報酬に今後どう反映するかは，別次元の話（医療経済的な問題）ですが，われわれが心することは，国家資格となった心理職の方が，十分に力が発揮できる職場の理解と環境作りではないかと思います。

A14
黒田先生
心理職の国家資格化により，診療報酬の請求などができるようになり医療機関での正規雇用は増えると考えられます。他にも，教育・産業・母子保健などの多くの分野で心理の専門職は求められていると思います。ただ，何よりも社会の期待に応えられる専門性を心理職がもつことが大切です。

確 認 問 題
TEST 1

以下の文章について，正しい文章には○，正しいとは言えない文章には×をつけなさい。

(1) 発達障害という名前であっても，発達という長い時間的推移から現れるプロセスそのものが，完全に障害されているわけではない。　　　　　（　　　　　）

(2) 発達障害の子どもは，自分で決定したことに対し，自分で結果を引き受けることが困難であるため，周囲がそれを肩代わりすることが求められる。

（　　　　　）

(3) 合理的配慮とは，全員に一律に同じ配慮を提供することである。（　　　　　）

(4) 発達障害に対する心理職の役割として，現在の状況のアセスメントや，専門的な心理相談に基づく生活の障害の軽減などがあげられる。　　（　　　　　）

(5) 発達障害のアセスメントにおいては，子どもだけでなく，家族や住んでいる地域の関係機関のアセスメントも重要となる。　　　　　　　　（　　　　　）

(6) 発達障害の支援に関しては，中途半端な支援ではかえって混乱と動揺を生むだけなので，十分な熟練と研修を経ないと介入してはいけない。　　（　　　　　）

(7) 心理職が，子どもの生活する学校現場や幼稚園の現場に足を踏み入れることは越権行為であるため，行なうべきではない。　　　　　　　　（　　　　　）

(8) 検査結果に数値だけでなく，検査における子どもの様子などを記載しておくことで，より子どもの様子を伝えることができる。　　　　　　（　　　　　）

(9) 被検査者の特性や傾向を，主観・直感的に判断することを，インフォーマルなアセスメントと言う。　　　　　　　　　　　　　　　　　　（　　　　　）

(10) 心理検査の結果のレポートは，他者の目に触れる可能性のあるクリニックなどでは行なわず，自宅で作成すべきである。　　　　　　　　　（　　　　　）

確 認 問 題
TEST 2

発達障害の支援において，心理職にはさまざまな期待がなされている。以下の各現場において，心理職に期待されていることを，箇条書きで4つあげなさい。

(1) 医療現場	
1	
2	
3	
4	

(2) 教育現場	
1	
2	
3	
4	

(3) 福祉現場	
1	
2	
3	
4	

確 認 問 題
TEST 3

以下の問いに答えなさい。

(1) 発達障害を生活障害ととらえる視点について，「発達の多様性」と「関係性の躓き」という 2 点から論じなさい。

(2) 発達障害の生活の質を高める支援のために，心理職としてどのような姿勢が求められるか，複数の観点から述べなさい。

(3) アセスメントが検査や観察・面接の「結果」ではなく，理解を獲得していく「過程」であるという考え方について，論じなさい。

(4) 「医療現場で働く心理職は，単なるテスターにすぎない」という意見に対する反論を述べなさい。

(5) 合理的配慮の提供に関し，留意すべきことを論じなさい。

(6) 2016 年に改正された発達障害者支援法では，発達障害者の司法手続きにおける意思疎通の手段の確保が明記された。発達障害者の司法手続きにおける意思疎通の手段の確保について，留意すべきことを述べなさい。

解答例

TEST 1

(1) ○
(2) × 自分で決めて，自分で結果を引き受ける力を信じることが必要となる。
(3) × 個々の特性や力に合わせた配慮を行なうことである。
(4) ○
(5) ○
(6) × 専門性の向上は重要だが，支援の停滞につながる。現在の能力で，できることから介入すべきである。
(7) × 子どもの生活する文化をアセスメントすることに，大きな意味がある。
(8) ○
(9) ○
(10) × 守秘義務の観点からも自宅に持ち帰るべきではない。

TEST 2

(1) 医療現場
・発達障害の子どもの心理発達のアセスメント
・テストバッテリーの検討
・ペアレント・トレーニングなど親支援の依頼
・心理教育プログラムの依頼
・個々の子どもの専門的な心理相談
・子どもの生活現場に赴き，生活状態をアセスメントする
・戸惑う医師に対する応援と相談
・医療的判断の強化と具体的な応援のための助言
・看護チームに対する，外来や病棟での本人や家族とのかかわり方の支援
・看護者に打ち明けない悩みの相談
・戸惑う看護者に対する応援と相談
・医療的関与から生活支援への移行の橋渡し

(2) 教育現場
・発達障害の子どもの心理発達のアセスメント
・学校でできる対応の検討
・教職員の家族へのかかわり方への助言
・教師に打ち明けない悩みの相談
・戸惑う教師に対する応援と相談

・管理職・教職員らの発達障害に対する理解促進
・クラス集団内の子ども個人の動きとクラス全体の動きの客観的な評価
・具体的な応援を行なうための協力

(3) 福祉現場
・発達障害の子どもの心理発達のアセスメント
・親に対する子育ての労のねぎらい
・家族とともに子どもの未来を考え，提示する
・現場職に言いにくいことを親から聴き取り，現場職と親の橋渡しをする
・家族に対して言いにくいことを上手に伝え，家族に希望を与える
・地域資源を把握し，生活ネットワークのキーパーソンになる

TEST 3

(1) 発達障害の子どもの多くは，言語の遅れや，ゆっくりとした知識の獲得，独自の対人スキルなどの発達の多様性によって，必要以上に叱責を受けてしまったり，場合によっては集団からいじめられたり，無視されてしまったり，思いが通じなくて誤解されてしまったり，という関係性の躓きも生じている。つまり発達障害とは，発達の多様性がその子自身とさまざまな対人・対環境における関係性の中で，よく理解され，配慮ある対応がなされにくいことで，生活のしづらさとなると考えることができる。そのため，発達障害は生活障害ととらえることができる。

(2) 発達障害の生活の質を高める支援のために，心理職としてまず何よりも最善を尽くすことが求められる。よって，相談室でただ座って待っているだけでなく，フットワークよく動く姿勢が求められる。また，発達障害の子どもの自立を意識した生活相談も重要となる。そのためには，正しい方向性を押しつけるのではなく，方向性を自分で決めて歩むことを応援していく姿勢と，自分で決めたことに対して結果を自分で引き受ける力とリジリエンスを信じる姿勢が求められる。さらに，発達障害の生活の質を高めるためには，できるだけ多くの支援者がいることが重要となる。「人生は捨てたものじゃない」という感覚をもてるような状況や関係性に向けて，ネットワークの形成が求められる。最後に，支援者

が自らを磨くヘッドワークを行なう姿勢も重要となる。発達障害の生活の質を高めるために必要なことは何かを，日々考え続ける姿勢が求められていると言えよう。

(3)　アセスメントを「理解すること」ととらえるならば「結果」に注目するが，「過程」に注目するならば，アセスメントを「理解し続けること」ととらえることができる。

　「理解し続ける」ために必要なことの一つが，日々研鑽を続けることである。日々研鑽を続けることで，半構造化面接や心理検査などフォーマルアセスメントをするための力をつけることができ，客観的な情報収集が可能となる－。また「理解し続ける」ためには，日々経験し続けることも大事である。同じ発達障害でも，誰一人として典型的なお子さんはおらず，一人ひとり異なっている。個々の理解のためには，検査の数値だけではなく，日常場面の観察や聴き取りから，対象の特徴を直接把握するインフォーマルアセスメントが重要である。最後に，「理解し続ける」ためには，自分自身に向き合い続けることが必要である。自分の特性を知り，自分の心に生まれてくる子どもや家族への思いに向き合うことで，初めて相手を理解できることがある。

　このように一時点の結果に満足せず，変化し続ける患者・家族・現場・地域を理解し続けて，応援する手立てを考え，実践し，振り返り，修正していく過程こそがアセスメントであると考えることができるだろう。

(4)　心理職は，単に機械的に心理検査を行なうテスターではないうえに，他の職種で代わりが効くわけでもない。心理職は，生活の応援者として当たり前の隣人であるとともに，冷静に現状を把握し，見立て，半歩先を予測する専門職でもある。そのため，主治医から心理検査の依頼を受けた場合は，なぜ心理検査を行なうのか，心理検査の結果をどのように活用するのか，心理検査を行なう被検査者の負担を考慮しているか，など心理の専門家としての視点で主治医と意見交換することが望ましい。

　また，医療現場で働く心理職には家族のアセス

メント，親支援の役割，医師や看護師に対する助言，専門職間の連携の橋渡しなど，単に心理検査を行なうテスターとしての役割以上の期待が寄せられている。そのため，「医療現場で働く心理職は単なるテスターにすぎない」という考えは，医療現場における心理職の姿として，適切とは言えないであろう。

(5)　合理的配慮の提供に関しては「何を提供するべきか」という点に注目されがちだが，「誰が提供するか」という点も重要である。いかに合理的な提供内容であっても，その提供内容だけが独り歩きしていては，適切な支援になっていない可能性がある。仮に合理的とは言い難い提供内容であったとしても，信頼している相手とのやりとりであれば，関係性の中で子ども本来の力が十分に発揮される可能性がある。よって，合理的配慮が提案できたならばそれで解決ということはなく，誰が，何を提供するか，という全体を把握する視点が重要となる。

　また，合理的配慮の名のもと，際限なく何でも配慮できるわけではない。ルールと価値観が多様化していく現代において，合理的配慮の幅をあらかじめ決めておかないと，もめごとにつながる可能性もある。そのため，提供できる内容に関する限界設定ももっているべきであろう。

(6)　心理職抜きで，弁護士や司法関係者が一方的に聴取を行なうと，言葉が独り歩きして誤解を受けたり「何も伝わらない」と無力感になったりする可能性がある。そこで，発達障害をもつ方の言葉の使い方や，独特の言葉の選択について「こういう意味ではないか」と類義語として翻訳できる辞書をもっている心理職が同席することで，司法面接の場で表現された言葉をうまく聴き取り，うまく翻訳して伝えることが可能になる。ただ，発達障害をもつ方が司法面接の場で表現した言葉を適切に翻訳して伝えることは，事前にトレーニングしておかなければ心理専門職であっても難しいことが予想される。そのため，司法面接における意思疎通に関するトレーニングの機会を設けることが，今後必要になるであろう。

PART 3

自閉スペクトラム症（ASD）の
アセスメントの基本を学ぶ

臨床心理職にとって学習が必須となっている自閉スペクトラム症（ASD）のアセスメントのグローバルスタンダードと，目的に応じたアセスメントバッテリーの組み立て方について，体系的に解説します。

講　義

稲田尚子
帝京大学文学部　准教授

0 はじめに：講義の概略

1. ASDのアセスメントが必要とされる理由

　PART 3 では，**自閉スペクトラム症**（Autism Spectrum Disorder：ASD）のアセスメント[01]について解説していきます。まず，今なぜASDのアセスメントが必要とされるのか，確認しましょう。

　最新の疫学研究によると，ASDの有病率は約1％〜約2％と高く，決して稀な障害ではなく，よくある障害であることがわかってきました。また，知的能力障害のないASDは約半数〜7割とされており，医療機関や学校現場など，あらゆる場所で心理職としてASDの人に会う可能性が増加しています。そのため，心理職はASDの特徴に対する正しい知識と理解が必要となります。

　とはいえ，一般的なASDの特徴と，目の前で接しているASDの子どもの特徴が異なることがあります。それぞれの子どもの強みや弱み，これまでの生活の中で身につけてきたものや，身につけてこられなかったものがあるからです。よって，ASDとひとくくりに考え，型にはめた支援を押しつけるのではなく，ASDの子どもが個々にもっている長所と短所を把握し，個別の支援を考えることが求められています。そのためにも，ASDの適切なアセスメントが必要とされているのです。

2. これまでのASDのアセスメントの問題点

　次に，これまでのASDのアセスメントの問題点を考えます。

　まず，アセスメントそのものに対する抵抗感があります。立場によっては，アセスメントを傾聴と相反するものととらえられている印象がありますが，アセスメントと傾聴の両方を並び立たせること，丁寧に話を聞きながらアセスメントをすることは可能だと考えられます。

　加えて，これまで日本ではASD特性を把握するための，ASDに特化したアセスメントツールの整備不足が顕著でした。そのため，アセスメントの精度は，援助者個人の経験や熟練度に左右されてきたという現状がありました。また，アセスメントする場合には，これまで主にウェクスラー式知能検査[02]による認知プロフィールからASDをスクリーニング[03]する試みが行なわれましたが，先行研究を総括すると，すべてのASDに共通するウェクスラー式知能検査の認知プロフィールは存在しないことが結論づけられています。ウェクスラー式知能検

講義メモ

01 アセスメント　心理査定とも呼ぶ。観察や面接，心理検査などを通じ，援助を受ける人の考え方や行動のパターン，悩みや問題の背景，取り巻く状況，その人のもてる力や可能性などを適切に把握し，どのような援助方法がよいかを考える作業のこと。
02 ウェクスラー式知能検査　ウェクスラー（Wechsler, D.）によって発表された世界的に用いられている知能検査。成人用のWAIS，児童用のWISC，幼児用のWPPSIの3種類がある。
03 スクリーニング　疾患や障害をもっている可能性がある人を見つけ出すこと。

査は，ASDの特性をアセスメントする目的で作成された検査ではありません。あくまで知能検査であり，知的水準や認知機能を評価する検査です。ASD特性を包括的[04]に把握するためには，情報が不十分と言わざるを得ません。そのため，ASDに特化したアセスメントツールの整備が求められていました。

幸い，日本でも2010年代に入り，ようやくASDに特化したアセスメントツールの整備がほぼ完了し，包括的なアセスメントの実施が可能となってきています。そこでPART 3の講義では特に，このASDに特化したアセスメントツールについて重点的に見ていくことにします。

3. これからのASDのアセスメント

以上の問題点をふまえ，これからのASDのアセスメントを考えてみます。特にここでは，「平等」と「公平」というキーワードを用いて，アセスメントの意義を確認します。

「平等」と「公平」は意味が異なります。イラストの左のように，各個人に同じ配慮を提供することが「平等」です。しかし，その結果不公平になっています。対して，右のように個別の配慮をすることが「公平」です。

ASDのアセスメントは，個人の「平等」ではなく「公平」を実現する[05]ために行なわれるものです。そして「公平」を実現するためには，各個人をアセスメントすることにより「それぞれに，どれくらいの高さの台が必要か」を把握しておく必要があります。

このように，アセスメントはASD支援の第一歩と言うことができます。前述したように，日本でも2010年代に入り，ASDに特化したアセスメントツールが整備されてきました。今後，個々のASD特性に配慮した支援を組み立てていくためにも，ASDに特化したアセスメントツールを用いながら，包括的にASD特性を把握することが求められていると言えます。

平等　　　　　　　　　　　　公平

宮川 純（河合塾KALS講師）

---

[04] **包括的**　すべての要素を広く網羅していること。「ASD特性を包括的に把握する」ということが，具体的にどのようなことを指すかは，「5　包括的アセスメントを行なうために」を参照。

[05] **「公平」を実現する**　PART 1で登場した「合理的配慮」と同意。

4. 本講義の構成：ASDをアセスメントするために

　では，ASDをアセスメントするために理解しておくべきポイントは何でしょうか。

　ASDは発達障害（神経発達症群）ですので，非定型的な発達のプロセスをたどります。それが非定型的かどうかは，定型的な発達のプロセスを知っていてこそ判断ができます。ですから，まずは定型的な年齢相応の発達を理解することが必要となります。「1　ASDの各ライフステージにおける行動特徴」では，この点について詳しく見ていきます。

　次に，アセスメントのレベルを知り，目的に応じたアセスメントツールを選んで実施することが必要となります。アセスメントのレベルとは何かについては「2　アセスメントレベルのスクリーニングと評価」で見ていきます。次に，アセスメントのレベルに応じたアセスメントツールの内容については「3　ASDのスクリーニングツール」「4　ASDの診断・評価ツール」で，それぞれ詳しく見ていきます。

　そして，「5　包括的アセスメントを行なうために」では，個人の全体像を把握するために，適切なアセスメントバッテリー[06]を組めるようになること，ASDの認知の特徴をふまえ，行動のアセスメント結果を解釈していくことについて見ていきます。最後に「6　アセスメントから始まる支援」ではASDの特性をふまえ，支援やその優先順位を考えることができるようになるために必要なことについて，詳しく紹介することにします。

 講義メモ

06 バッテリー　検査の組み合わせのこと。1つの検査だけではわかる内容に限りがあるため，複数の検査を組み合わせることが多い。ただし，安易に検査を増やすことは被検査者の負担となるため，検査者には適切な検査の組み合わせが求められる。

ASDの各ライフステージにおける行動特徴

1 DSMにおけるASDの判断のポイント

　本章では，ASDの各ライフステージにおける行動特徴をお伝えしていきます。ただしその前にまず，国際的な診断基準であるDSM[01]の紹介をしたいと思います。2013年に改訂されたDSM-5（APA, 2013 日本精神神経学会監修 2014, p.49を参照）によると，ASD（Autism Spectrum Disorder）の判断のポイントはA～Dの領域で示されています。

　A領域は，対人コミュニケーション行動における持続的な欠陥を表します。B領域は，一般的にこだわりと呼ばれる領域のことです。C領域は発達早期の段階で存在していることを表していますが，発達早期の段階で存在していても明らかになっておらず，後から明らかになった場合も含みます。D領域は，A領域やB領域で示される症状によって，現在困っていることが生じているか否かを示すものです。

　これらがDSMの判断のポイントですが，単に読んだだけでは，具体的にどのような行動特徴があるのかわかりにくいと思います。またASDは発達障害ですので，発達とともに注目すべき行動特徴が変わっていきます。そこでA領域とB領域の文言については頭に置いていただきつつ，ライフステージ別にどのような行動特徴があるのか，これから紹介していきます。

 講義メモ

01 DSM　DSMとは，アメリカ精神医学会が発表した，精神疾患の分類と診断マニュアルのこと。詳細はPART 1を参照。

2 幼児期早期のASDの行動特徴

　まずは幼児期早期，2歳前後のASDの行動特徴について説明します。幼児期早期のASDの注目すべき行動特徴は，ポイント1のとおりです。

　2歳前後の幼児期早期は，特にDSM-5のA領域の対人コミュニケーション行動に注目します。ポイント1に示されているさまざまな行動特徴を概観すると，すべてが「○○ない」という特徴であることがわかります。上記の行動は，定型発達の子どもならば1歳半頃までに芽生える非言語的な対人コミュニケーション行動ですが，ASDの子どもはその芽生えが

> **ポイント1** 幼児期早期のASDの行動特徴
>
> ・視線が合わない（アイコンタクト）
> ・微笑みかけても微笑み返さない（微笑み返し）
> ・名前を呼んでも振り向かない（呼名反応）
> ・模倣しない（模倣）
> ・興味があるものを指さしで伝えない（興味の指さし）
> ・指さされたものの先を見ない（指さし追従）
> ・ふり遊びをしない（ふり遊び）
> ・ASDでは，定型発達児では1歳半頃までに芽生える非言語的な対人コミュニケーション行動がない／乏しい

講義メモ

02 共同注意 親が指さした方向を子どもが見たり，親の視線の先を子どもが見たりなど，他者と同じ空間の中で，他者と同じ物体や人物に対して注意を向け，注意を共有すること。

弱いと言えます。

また上記の行動特徴は，主に**共同注意**[02]の障害と言い換えることもできます。幼児期早期に定型発達の子どもに芽生える共同注意が，ASDの子どもには芽生えにくいです。このように，共同注意の障害と対人コミュニケーション行動の乏しさが，幼児期早期のASDのアセスメントにおいて注目すべき点と言えます。

対してB領域であるこだわりに関する領域は，2歳前後の場合，ASDの子どもに限らず，定型発達の子どもにも見られます。同じ遊びを繰り返したり，同じ方法にこだわったりする程度はASDの子どものほうが強度ですが，こだわりの領域では低年齢の定型発達の子どもとの区別が難しく，こだわり行動がなかなか観察できないことも多いです。よって，2歳前後のASDのアセスメントでは，こだわりの領域よりも，定型発達で見られる対人コミュニケーション行動が乏しいという点に注目すべきです。

3 幼児期後期の ASD の行動特徴

次に 3 歳から 5 歳ぐらいの幼児期後期の ASD の行動特徴についてお伝えしていきます。まず対人コミュニケーション行動に関して，注目すべき行動特徴はポイント 2 のとおりです。

ポイント 2　幼児期後期の ASD の対人コミュニケーション行動の特徴

- ・視線が合わない
- ・名前を呼んでも振り向かない
- ・表情が乏しい
- ・同年齢の他児と遊ばない
- ・興味があるものを共有しない
- ・言語発達が遅れている
- ・会話が続かない
- ・他児とごっこ遊びができない

対人コミュニケーション行動では，幼児期早期の特徴に加えて，同年齢の他児に関心がなく遊ばないこと，他児とごっこ遊びができないことなどの，他児とのかかわりの弱さが目立つようになってきます。

また言語発達の遅れや，会話が一方通行で続かないこと，自分の好きな話題の話ばかりをすること，オウム返し[03]をすることなど，言語面の問題も見られるようになってきます。

次に，幼児期後期の行動・興味の偏りに関する行動特徴はポイント 3のとおりです。

ポイント 3　幼児期後期の ASD の行動・興味の偏りの特徴

- ・変わったものへの興味
- ・決まった手順にこだわる
- ・切り替えが苦手
- ・決まったフレーズを繰り返す
- ・おもちゃの部分で遊ぶ
- ・独特な身体の使い方
- ・感覚の敏感／鈍感さ
- ・感覚面への興味

講義メモ

03 オウム返し　例として「好きな食べ物は何？」と聞かれて「好きな食べ物は何？」と返事をしてしまうことがあげられる。このように，そのままの言葉で返事をしてしまうため，会話を続けることが困難となる。

幼児期早期とは異なり，興味の偏り，こだわりの面でも定型発達と異なる行動が増えてきます。まず道路標識にこだわるなど，変わったものに興味をもつことがあげられます。また，同じ道を通りたがるなど決まった手順にこだわったり，切り替えが苦手であったり，テレビなどで聞いた音楽のフレーズを，全然関係のない場面で繰り返すことなどが特徴としてあげられます。

また，おもちゃの全体ではなく，部分で遊ぶことが多いのも特徴です。たとえば車なら，一般的には押して遊んだり走らせて遊んだりすることが多いですが，ASD の子どもの場合はタイヤのみをくるくる回して遊んでいるなど，車全体ではなく車の「部分」で遊んでいることが多く見られます。

また独特な身体の使い方をすることがあります。ぴょんぴょん飛んだり，全身を前後にゆするロッキング [04] と呼ばれる独特な身体の使い方をしたりします。感覚の敏感・鈍感さについては，大きい音や苦手な音に敏感だったり，痛みに鈍感で転んでも全然泣かなかったりすることが例としてあげられます。感覚面の興味としては，光の反射に興味を示し続けたり，表面のざらざらした感じをずっと触って楽しんだりすることなどが例としてあげられます。

講義メモ

04 ロッキング 体や頭を前後，または左右に揺らす行動。体の揺らし方は，頭だけ，体全体，キョロキョロしながら，縦に揺れる，横に揺れるなど揺れ方は人によってさまざま。また，ロッキングは ASDだけの行動ではないため，ロッキングがあるからといって，ASD とは限らない点に注意したい。

4　児童期から成人期の ASD の行動特徴

次に児童期から成人期の ASD の行動特徴についてお伝えしていきます。まず対人コミュニケーション行動に関して，注目すべき行動特徴はポイント4のとおりです。

ポイント4　児童期から成人期の ASD の対人コミュニケーション行動の特徴

・表情が乏しい
・身ぶりの理解／使用が乏しい
・相手の気持ちがわからない
・暗黙のルールがわからない
・他者との距離感が疎遠／近い
・会話が続かない
・比喩などが理解できない
・友人関係を維持できない

対人コミュニケーション行動では，表情が乏しかったり，身振りの理解

や使用が乏しかったりすることがまずあげられます。人間は他者とかかわるとき，思っている以上に表情や身振り手振りで説明しており，表情や身振り手振りの理解と使用が乏しいということは，相手の気持ちがわからなかったり，自分の気持ちを伝えられなかったりしているということです。世の中で生活していくうえでの暗黙のルールを読み取ることができないと，他者との距離感が疎遠になりすぎたり近くなりすぎたりしてしまいます。心理的な距離感だけでなく，物理的に人と適度な距離をとれずに近づきすぎてしまうことや，逆にとても遠くから話しかけてしまうこともあります。

　会話に関しては幼児期後期に見られたものと同様に一方通行であったり，自分の興味のある話を続けたり，人の話を聞かないなどの「会話の続かなさ」があげられます。また，相手の話題に合わせて話を発展させることができないことや，言葉を字義通りに解釈して比喩を理解できないことなど，友人関係の形成や維持の困難さがあげられます。

　こだわりに関しては「○○すべき」など行動・思考の硬さが目立ってきます。また，切り替えが苦手であったり，予定が変わると混乱するなど融通が利きにくかったりします。全体の把握が苦手ということもあげられます。また，幼児期後期はおもちゃの「部分」で遊んでしまうという部分への興味がありましたが，児童期から成人期になると，部分で遊ぶというよりは，部分にとらわれて全体を把握することが苦手というかたちで現れてきます。また，幼児期後期同様に，感覚面の敏感さや鈍感さ，感覚面への興味が続く場合もあります。

　以上のように，各ライフステージ別にASDの行動特徴を紹介してきました。まとめると，各ライフステージで年齢相応に求められる社会性，柔軟性と比較して，発達が未熟であるということがASDの特徴です。ASDの行動特徴は定型発達のマイルストーン[05]と比較して理解する必要があり，そのためにも，心理職には定型発達のマイルストーンに関する知識が求められていると言えます。

 講義メモ

05 定型発達のマイルストーン　年齢相応に期待される発達の程度のこと。

ポイント5　児童期から成人期のASDの行動・興味の偏りの特徴

- 変わったものへの興味
- 行動，思考が硬い
- 切り替えが苦手
- 融通がききにくい
- 予定が変わると混乱する
- 全体の把握が苦手
- 感覚の敏感／鈍感さ
- 感覚面への興味

ま と め

・年齢相応に求められる社会性，柔軟性と比較して，発達が未熟であることが
ASD の特徴である。
・ASD のアセスメントの前提として，年齢相応に求められる定型発達の社会性・
柔軟性について理解しておくことが必要となる。

アセスメントレベルのスクリーニングと評価

1　ASDのアセスメントのレベルとは

　ここからは、アセスメントの具体的な内容について見ていきます。まず、図2-1に示すように、ASDのアセスメントにはレベルがあることを見ていきましょう。

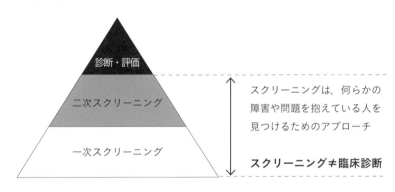

図2-1　ASDのアセスメントのレベル

　ASDのアセスメントは主に、何らかの障害や問題を抱える人を見つけるためのアプローチである**スクリーニング**と、臨床診断[01]のためのアプローチである**診断・評価**の2つのレベルに分かれます。そして、スクリーニングと診断・評価のどちらを目的にするかによって、用いる検査の性質が異なります。このことは、スクリーニングの検査結果が、そのまま臨床診断となるわけではないことを意味します。

1. 一次スクリーニングとは

　まずスクリーニングについて紹介します。スクリーニングは**一次スクリーニング**と**二次スクリーニング**に分かれています。まず一次スクリーニングとは何かを見ていきましょう。
　一次スクリーニングは、一般のローリスク群を対象として、何らかの障害や疾患のリスクがある人を見つけるためのアプローチです。具体的な例としては、大人であれば健康診断、子どもであれば乳幼児健康診査や就

講義メモ

01 臨床診断　すべての情報を統合して、症状から、障害名を与えること。

学前健診などがあげられます。この一次スクリーニングを行なうことで，障害や問題・疾患のリスクを早期発見できれば，早期支援につなげることができます。

なお，一次スクリーニングは一般の集団，つまりたくさんの人を対象として行なわれるものなので，簡便さを重視した質問紙を用いることが多いです。

2. 二次スクリーニングとは

次に，二次スクリーニングについて見ていきましょう。

二次スクリーニングは発達障害が疑われるハイリスク群を主な対象として，特定の障害のリスクを見つけるためのアプローチです。よって対象者は，一次スクリーニングで何らかのリスクが疑われた人が該当します。また，「発達障害ではないか」と親や本人が疑いをもって療育・医療・福祉機関を訪れた場合や，他の人から指摘された場合なども含みます。発達障害といってもさまざまな種類があるので，どのような発達障害なのか弁別して方向づけすることが必要です。このように，二次スクリーニングは発達障害の特定と弁別，方向づけが主な目標となります。二次スクリーニングの段階になると，リスクの具体的な内容を発見するために，質問紙だけでなく面接や行動観察が行なわれます。

3. 診断・評価のアセスメントとは

次に，診断・評価のアセスメントについて紹介します。

診断・評価のアセスメントは，スクリーニングとアセスメントのレベルが異なります。これは，そのまま臨床診断につながるため，誤診を防ぐためにも，対象者の個別の特性・特徴を可能な限り詳細に，包括的に理解することが求められます。単に障害名をつけるだけでなく，対象者の強みと弱みを特定することも重要です。

この段階になると質問紙だけで診断・評価を行なうことは決してなく，保護者の方や本人への面接や行動観察を行なうことが一般的で，質問紙は

ポイント1 **診断・評価のアセスメントとは**

・対象者の個別の特性を包括的に理解する
・単に診断するだけではなく，対象者の強みと弱みを特定する
・診断・評価ツールは，親や本人への面接や行動観察など

▶ 最適な臨床診断のためには，複数の診断・評価目的のアセスメントツールを用い，その他のテストバッテリーも組み合わせて，総合的に判断する

テストバッテリーとして組み合わせて用います。繰り返しますが，質問紙を診断・評価のアセスメントツールとして単独で用いることは決してありません。最適な臨床診断を行なうためには，複数のアセスメントツールを用い，総合的に判断することが重要です。

2 それぞれのレベルの代表的なアセスメントツール

このように，アセスメントには一次スクリーニング，二次スクリーニング，診断・評価の3つのレベルがあり，それぞれの目的に応じて用いるツールが変わります。代表的なツール[02]は図2-2のとおりです。

一次スクリーニングとして今日本で使えるものは，M-CHAT, ASSQ。二次スクリーニングとしては，SCQとPARS-TR, AQ。診断・評価のツールとしては，ADI-R, ADOS-2があります。なおこれらのツールは**フォーマルアセスメント**[03]と呼ばれるもので，標準化[04]されており，結果が数値で表現できるツールのことを指します。これら各ツールの詳細は，次章以降で詳しく説明することにして，ここからは，スクリーニングで用いるツールと診断・評価で用いるツールの全般的な性質の違いをより詳しくお伝えしたいと思います。

> 講義メモ
>
> **02 代表的なツール** これらに加えSRS-2が出版され(神尾, 2017)，二次スクリーニングおよびASDの症状・程度の把握に使用できる。
>
> **03 フォーマルアセスメント** 被検査者の特性や傾向を，客観的・科学的に把握するための検査ツールのこと。検査用紙，検査内容とその手続き，採点や評価の方法などが厳密に定められている。
>
> **04 標準化** フォーマルアセスメントにふさわしい客観性・科学性を確保するため，適切な検査結果が得られるか，確認する作業のこと。

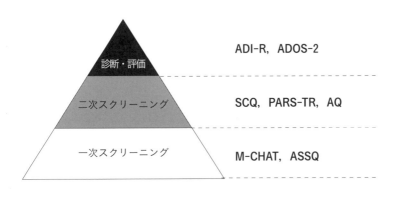

図2-2 ASDのフォーマルアセスメント

3 アセスメントの精度：感度と特異度

アセスメントツールが高い精度をもっているかを表す指標として，「**感度**」と「**特異度**」という語を用いることがあります。

感度は，目標とするリスクを見逃さずに発見できるかを表す割合のこと

です。ASDの場合，アセスメントツールを用いることで，実際にASDが疑われる人を，どれだけ見逃さずに正しくASDとして疑うことができたかを表します。

一方で**特異度**は，目標とするリスクをもたない人を，いかに適切に除外できたかを表す割合のことです。ASDの場合，アセスメントツールを用いることで，実際にASDではない人を，どれだけ正しくASDではないと除外できたかを表します。

この感度と特異度について，チョコクッキーとプレーンクッキーを例にあげて説明したいと思います。

・チョコクッキー10枚中、6枚は見逃さずにビンに入れられた　⇒　感度60%
・プレーンクッキー10枚中、8枚はチョコじゃないと除外できた　⇒　特異度80%

まず上のイラストのようにチョコクッキーとプレーンクッキーが10枚ずつ，計20枚混ざっている状態を想像してください。そしてこの20枚が混ざった中から，機械が自動的にチョコクッキーだけを検出して，ビンに入れる作業を行なったとします。そしてその結果，機械は，ビンにチョ

コクッキーを 6 枚しか入れられず，さらに間違えてプレーンクッキーを 2 枚入れてしまったとしましょう。

この場合，10 枚のチョコクッキーのうち 6 枚を，見逃すことなく「チョコクッキーである」と正しく判別できたため，この機械のチョコクッキーの感度を .60（60％）と表すことができます。

また，10 枚のプレーンクッキーのうち 2 枚を間違えてチョコクッキーとしてビンに入れてしまいましたが，これは 10 枚のプレーンクッキーのうち 8 枚を「チョコクッキーではない」と正しく除外できたことを意味します。そのため，この機械のチョコクッキーの特異度を .80（80％）と表すことができます。「感度」と「特異度」の違いについて，ご理解いただけたでしょうか。

4 アセスメントツールのカットオフの意味

では，改めて話をアセスメントツールに戻します。

まず，感度と特異度はいずれも高いことが望ましいのですが，トレードオフ[05]の関係にあります。

少しでも ASD が疑われる人を「全員 ASD」と言ってしまえば，ASD を見逃すことなく見つけることができ，感度を高められるでしょう。しかし，誰もが ASD とされてしまうため，「ASD でない人を正しく ASD でないと除外する」特異度が，極端に低くなってしまいます。

逆もまた然りです。「全員 ASD ではない」と言ってしまえば，ASD でない人を全員除外できるため，特異度を高められるでしょう。しかしそうすると，「ASD の人まで，ASD ではない」と除外されてしまい，感度が極端に低くなってしまいます。よって，感度が高くなれば特異度は低くなりやすく，特異度が高くなれば感度が低くなりやすいという，トレードオフの関係にあるのです。

そこで，アセスメントのレベルに応じて，感度を高めるべきか特異度を高めるべきか，判断する必要があります。

たとえばスクリーニングの段階で用いるアセスメントツールは，ASD のリスクをもつ人を漏らさず発見すること，つまり見逃しを少なくすることが大切なので，感度を高めることが重視されます。反面，感度を高めるためにカットオフ[06]の基準を緩めに設定するため，スクリーニングの段階では「ASD ではないのに，ASD と疑われている」偽陽性の人が含まれていることを念頭に置く必要があります。

診断・評価の段階で用いるアセスメントツールは，「ASD ではない人を正しく ASD ではない」と判断することがより重要です。つまり誤診を少

講義メモ
05 トレードオフ 何かを達成するためには，別の何かを犠牲にしなければならない関係のこと。

講義メモ
06 カットオフ 特定の疾患や障害に該当するか否かを判断すること。

なくするためにも，特異度を高めることが重視されます。とはいえ，特異度を高めるためにカットオフの基準を厳しめに設定するため，実際にはASDであるのに，カットオフの基準を下回ってASDを否定される偽陰性が増える可能性を考慮する必要があります。

このように，アセスメントのレベルによってカットオフの基準が異なることを理解したうえで，適切にアセスメントツールを使うことが重要となります。

ポイント2　　**アセスメントツールのカットオフが意味するもの**

・感度と特異度はいずれも高いことが望ましいが，トレードオフの関係にある
・スクリーニング段階では，実際にASDである人の中からASDのリスクを見つけること＝見逃しを少なくすること（感度）がより重視される
　　▶ 偽陽性（実際にはASDではないのにASDを疑われること）が増える
・診断・評価の段階では，実際にASDではない人を正しくASDではないと判断すること＝誤診を少なくすること（特異度）がより重視される
　　▶ 偽陰性（実際にはASDであるのにASDを否定されること）が増える

アセスメントのレベルに応じて，カットオフの設定目的が異なることに留意して使用する

ま と め

・アセスメントは主に，障害や問題を抱える人を発見するためのスクリーニングと，障害を特定するための診断・評価という，2つのレベルに分かれる。
・アセスメントツールでは感度・特異度ともに高いことが望ましいが，スクリーニングのレベルでは検査の感度が，診断・評価のレベルでは検査の特異度がより重視される。

3 ASDのスクリーニングツール

本章では，ASDのスクリーニングに用いられるアセスメントツールを，具体的に紹介していきます。

1 一次スクリーニングのアセスメントツール

まずは，一次スクリーニングのアセスメントツールを見ていきましょう。
前章でも簡単にお伝えしたように，一次スクリーニングのツールには，現在日本で使えるものとして，M-CHATとASSQがあります。どちらも一次スクリーニングですから，一般母集団の中での**早期発見**を目的としたツールです。

1. M-CHAT

最初にご紹介するのは，**乳幼児期自閉症チェックリスト修正版**（Modified Checklist for Autism in Toddler：M-CHAT）です（Robins, Fein, Barton, & Green, 2001; 神尾・稲田，2006; Inada, Koyama, Inokuchi, Kuroda, & Kamio, 2011）。適応年齢は16か月～30か月と，かなり低年齢の乳幼児期に使う検査です。

検査用紙は質問紙ですが，電話面接のためのプロトコル[01]もあります。なぜ電話面接のためのプロトコルがあるのかというと，M-CHATは検査方式が2段階方式になっているからです。具体的には，まずM-CHATの質問紙に回答してもらい，そこでカットオフを超えて陽性だった場合，1か月から2か月後に電話面接をするという方式になっています。電話面接でもカットオフを超えてASDが疑われた方には，診断・評価のための，より詳細で包括的なアセスメントを紹介するという流れになります。

ですから，アセスメントのレベルで言うと，質問紙は一次スクリーニングのツールとして使われていますが，電話面接の段階ではすでに二次スクリーニング的な意味合いになっています。なお，子どもの年齢が小さいので，質問紙にも電話面接にも本人が直接答えることはできません。そのため回答するのは，本人の様子を日頃からよく知っている保護者や養育者です。

講義メモ

01 プロトコル あらかじめ定められた手順や方法をまとめたもの。M-CHATの場合，プロトコルに従って電話面接を行なうことが求められる。

PART 3 自閉スペクトラム症（ASD）のアセスメントの基本を学ぶ

> **ポイント1** M-CHATの概要
>
> ・開発者　：Robins et al., 2001; 神尾・稲田，2006
> ・適用年齢：16 〜 30 か月
> ・検査用紙：質問紙，電話面接プロトコル
> ・検査方式：2 段階方式（第 1 段階：質問紙回答，第 2 段階：電話面接）
> ・回答者　：保護者 / 養育者
> ・構　成　：全 23 項目（共同注意，他児への興味，模倣など，主に非言語的な対人行動）短縮版 6 項目（Kamio, Haseguchi, Stickley, Ogino, Ishitobi, & Takahashi, 2015）
> ・回答方式：はい・いいえの 2 件法
> ・実施時間：5 〜 10 分

　構成は全 23 項目で，共同注意や他児への興味，模倣など，主に非言語的な対人コミュニケーション行動になります。2 歳頃の子どもをもつ保護者の方は，言葉を話すかどうかといった言語発達に注目しがちですが，M-CHAT に言葉に関する項目は 1 項目しか含まれていません[02]。さらにこの 1 項目の質問も子どもの発話についてではなく「言われた言葉を理解していますか」という，聞いた言葉を子どもが理解できているかを問うものです。他の項目は，ほとんどが非言語的な対人コミュニケーションの行動になっています。また，6 項目の短縮版がありますので，乳幼児健診の場面で簡便に 6 項目だけを使ってスクリーニングすることも可能です。回答形式は「はい」「いいえ」の 2 件法[03]です。

　日本語版の特徴として，イラストがついていることがあげられます。M-CHAT では，細かく対人コミュニケーション行動の様子を質問するの

講義メモ

02 言語関連項目　M-CHAT に，なぜ言語関連項目が 1 項目しかなく，非言語的な対人コミュニケーションの行動に関する項目が多いかは，「1　ASD の各ライフステージにおける行動特徴」の「2　幼児期早期の ASD の行動特徴」を参照。

03 2件法　質問紙の選択肢が二者択一の場合，2 件法と呼ぶ。「はい」「どちらでもない」「いいえ」といったように 3 択の場合は，3 件法と呼ばれる。N 件法の N が偶数の場合は「どちらでもない」に相当する中間回答がないため，必ず肯定か否定かを選ばなければならなくなる。

❓ なにかに興味をもったとき、指をさして伝えようとしますか？

❗ 絵があると伝わりやすい！

で，保護者の方が，子どものどんな行動について問われているのかわかりにくいことがあります。そこで日本語版では，原著者の了解を得てイラストを追加しています。日本語版の M-CHAT について，ASD のスクリーニングとして有効であるか，5歳まで追跡調査して感度や特異度の検証が行なわれています。そのため，ASD の早期スクリーニングツールとして信頼できるものになっています。

実施時間は，質問紙は5分〜10分程度です。電話面接の段階になると，質問紙回答時点の結果により多少の変動はありますが，10分〜20分くらいかかることが多いです。

2. ASSQ

2つめは，**自閉症スペクトラムスクリーニング質問紙**（Autism Spectrum Screening Questionnaire：ASSQ，Ehlers, Gillberg, & Wing, 1999；井伊・林・廣瀬・東條，2003）です。

適用年齢は7歳から16歳で，検査用紙は質問紙です。回答者は，保護者，養育者あるいは教師です。ASSQ も，子ども本人が回答するのではなく，日頃の様子をよく知っている大人が回答することになります。

構成は全27項目です。対象年齢が7歳から16歳ということは児童期や思春期に相当する[04]ので，その時期の ASD に典型的に見られる社会性，言語，行動，興味の特徴が27項目含まれています。回答方式は3段階で「いいえ」「多少」「はい」の3件法です。実施時間は5分〜10分です。

この ASSQ は，通常学級に在籍している児童・生徒を対象として開発されたものです。そのため，項目の中には「みんなから○○博士，○○教授と思われている」といった項目が含まれており，知的能力障害がある ASD のスクリーニングとしては，あまり適していない点に注意が必要です。

講義メモ

04 児童期や思春期の ASD 児童期や思春期の ASD の行動特徴については，「1 ASD の各ライフステージにおける行動特徴」の「4 児童期から成人期の ASD の行動特徴」を参照。

ポイント2　ASSQ の概要

- 開発者　：Ehlers et al., 1999；井伊他，2003
- 適用年齢：7〜16歳
- 検査用紙：質問紙
- 回答者　：保護者／養育者あるいは教師など
- 構　成　：全27項目（ASD に典型的に見られる社会性，言語，行動，興味の特徴）短縮版11項目（伊藤他，2014）
- 回答方式：いいえ・多少・はいの3件法
- 実施時間：5〜10分

2　二次スクリーニングのアセスメントツール

次に，二次スクリーニングのアセスメントとして，SCQ，PARS-TR，AQ を見ていきましょう。

1. SCQ

まず 1 つめは，**対人コミュニケーション質問紙**（Social Communication Questionnaire：SCQ，Rutter, Le Counter, & Lord, 2003 土屋・黒田・稲田監修 2013；Rutter, Bailey, & Lord, 2003 黒田・稲田・内山監訳 2013）です。

適用年齢は生活年齢 4 歳 0 か月以上，精神年齢は 2 歳 0 か月以上です。検査用紙には「誕生から今まで」と「現在」の 2 種類の質問紙があります。回答者はこれまで紹介してきた検査と同様，保護者や養育者です。

構成は 2 種類とも各 40 項目（日本語版は 39 項目）で，ASD に典型的に見られる社会性，言語，行動，興味の特徴が含まれます。回答方式は「はい」「いいえ」の 2 件法で，実施時間は 2 種類とも 5 分〜 10 分程度です。

SCQ が「誕生から今まで」と「現在」の 2 種類に分かれていることについてもう少し詳しく説明します。

「誕生から今まで」は主に幼児期について問う質問紙で，ASD の症状が最も顕著な 4 歳から 5 歳の 1 年間に焦点を当てて項目が作成されています。スクリーニング目的では，この「誕生から今まで」の質問紙を使います。合計得点を算出してカットオフを超える場合は ASD が疑われるとされます。なお，カットオフの得点は米国では 15 点ですが，日本では現在検証作業中です。

たとえば 7 歳の子どもに対して ASD のスクリーニング目的で SCQ を使う場合，保護者や養育者の方にまず「誕生から今まで」の質問紙に回答

ポイント3　**SCQ の概要**

- 開発者　：Rutter et al., 2003 土屋他監修 2013；Rutter et al., 2003 黒田他監訳 2013
- 適用年齢：生活年齢 4 歳 0 か月以上，精神年齢 2 歳 0 か月以上
- 検査用紙：質問紙（「誕生から今まで」，「現在」の 2 バージョン）
- 回答者　：保護者／養育者
- 構　成　：各全 40 項目（ASD に典型的に見られる社会性，言語，行動，興味の特徴）
- 回答方式：はい・いいえの 2 件法
- 実施時間：各 5 〜 10 分

してもらいます。現在の子どもは7歳でも，保護者に4歳から5歳の1年間を振り返ってもらい記入していただくかたちになります。

では「現在」の質問紙は何のために利用するのかというと，過去3か月間の状態を評価するために用います。先ほどの7歳のお子さんを例にしますと，スクリーニング目的には「誕生から今まで」を利用して，現在の症状の把握には「現在」を利用する，というかたちになります。「現在」の質問紙の結果は主に，お子さんの支援や教育計画の考案に活用します。また，支援を行なう前後に「現在」の質問紙をそれぞれ実施し，支援前後の結果を比較することで，支援の効果検証を行なうこともあります。

2. PARS-TR

二次スクリーニングのアセスメントの2つめは，**親面接式自閉スペクトラム症評定尺度 テキスト改訂版**（Parent-interview ASD Rating Scale - Text Revision：PARS- TR，発達障害支援のための評価研究会，2018）です。

適用年齢は3歳以上です。検査用紙について，SCQが質問紙だったことに対し，PARS-TRは保護者や養育者を対象として臨床家が半構造化面接[05]を行ない，各項目について評定していく形式です。

PARS-TRの特徴としては，各ライフステージ別に特徴的な項目を抽出していることです。幼児期は34項目，児童期は33項目，思春期・成人期は33項目になっており，すべてのライフステージに共通する項目が一部含まれていますが，基本的に各年齢，各ライフステージを考慮した項目で構成されています。短縮版については，幼児期は12項目，児童期は11項目，思春期・成人期は12項目です。

回答形式は「なし」「多少目立つ」「目立つ」の3件法で，半構造化面

講義メモ

05 半構造化面接 あらかじめ質問内容を設定しておくが，面接者の裁量で柔軟に質問方法や順番を変更することができる面接を，半構造化面接という。面接の種類には他に，質問内容や順番を厳密に決めておく構造化面接，質問内容を決めずに面接する非構造化面接がある。

ポイント4 **PARS-TR の概要**

- 開発者 ：発達障害支援のための評価研究会，2018
- 適用年齢：3歳以上
- 検査用紙：面接フォーム
- 検査方式：半構造化面接
- 回答者 ：保護者／養育者
- 構 成 ：全57項目(幼児期34項目,児童期33項目,思春期・成人期33項目)短縮版23項目（幼児期12項目，児童期11項目，思春期・成人期12項目）
- 回答方式：なし・多少目立つ・目立つの3件法
- 実施時間：30～60分

接を行ないますので，実施時間は30分～60分と長めになっています。

このPARS-TRは，先ほどのSCQと同様に，幼児期のASD症状のピークと現在の両方を評定するかたちになっています。たとえば7歳のお子さんなら，保護者・養育者に，一番ASD症状がピークだった幼児期を振り返って幼児期の34項目に答えてもらい，この34項目を得点化したものを「幼児期のピーク評定」として使います。そして「現在」については，児童期の33項目に答えてもらうというかたちです。スクリーニング目的として最も判別力が高いと言われているのが，先ほど紹介した「幼児期のピーク評定」です。ただ「幼児期のピーク評定」だけでなく，各ライフステージの「現在」についても，何点以上ならASDが疑われるという，カットオフの基準が設定されているので，何らかの事情で「幼児期ピーク評定」が利用できない場合でも，「現在」の評定で判断できるようになっています。

SCQもPARS-TRも，過去を振り返るという点では共通していますが，大きく違うところがあります。SCQの過去の振り返りは，4歳0か月から5歳0か月までの12か月間と，振り返る時期と年齢が明確に指定されていますが，PARS-TRは「幼児期の症状がピークだったとき」を振り返る，というかたちで少しあいまいになっています。PARS-TRを使った場合，保護者によっては2歳頃がピークだったと考える場合がありますが，2歳頃だと，発達の遅れなのかASDの特徴なのかを区別することが難しい場合があります。そこでPARS-TRを用いる場合には，はじめに「幼児期の症状がピークだったとき」を振り返ってもらい，保護者に「子どもが何歳頃を想定して回答しているか」を事前に確認して，面接を進めたほうがよいでしょう。

3. AQ

3つめは，**自閉スペクトラム指数**（Autism Spectrum Quotient：AQ, Baron-Cohen, Wheelwright, Skinner, Martin, & Clubley, 2001; Baron-Cohen, Hoekstra, Knickmeyer, & Wheelwright, 2006；栗田・長田・小

> **ポイント5**　**AQ の概要**
>
> ・開発者　　：Baron-Cohen et al., 2001, 2006；栗田他，2004；
> 　　　　　　Wakabayashi et al., 2006, 2007
> ・適用年齢：7 歳以上
> ・検査用紙：児童用（7 ～ 15 歳），成人用（16 歳以上）
> ・検査方式：質問紙回答
> ・回答者　　：児童用：保護者 / 養育者，成人用：本人
> ・構　成　　：各全 50 項目（社会的スキル，注意の切り替え，細部
> 　　　　　　への注意，コミュニケーション，想像力）
> 　　　　　　短縮版 21 項目，10 項目（Kurita, Koyama, & Osada, 2005）
> ・回答方式：4 件法
> ・実施時間：10 ～ 15 分

山・金井・宮本，2004；Wakabayashi, Baron-Cohen, Wheelwright, & Tojo, 2006; Wakabayashi et al., 2007）です。

　適用年齢は 7 歳以上です。検査用紙は 7 歳から 15 歳の児童用と，16 歳以上の成人用の 2 種類があります。児童用は保護者や養育者に回答してもらう形式で，成人用は本人が回答する形式です。よって成人は，回答可能な知的水準の方が対象になります。

　質問紙は全部で 50 項目です。社会的スキル，注意の切り替え，細部への注意，コミュニケーション，想像力に関する 50 項目で構成されています。「注意の切り替え」や「細部への注意」は，ASD の認知面の特徴を問う項目であり，他の検査ではあまり問われない項目です。このような認知面に関する項目が含まれていることが，AQ の特徴と言えます。なお，質問項目数が 21 項目の短縮版と 10 項目の短縮版があります。

　また，AQ の日本語版は栗田先生が作成されたもの（栗田他，2004）と若林先生が作成されたもの（Wakabayashi et al., 2006, 2007）の 2 バージョンがあります。どちらのバージョンを用いるかによって，カットオフの基準が異なりますので，使用される際には，AQ の日本語版が 2 バージョンあることを念頭に置いたうえで，どちらのバージョンを使っているか確認してから，カットオフの判断をしてください。

　回答方式は 4 件法で，実施時間は 10 分～ 15 分です。

③　スクリーニングと「短縮版」

　ここまで ASD の一次スクリーニングと二次スクリーニングについて，

グローバルスタンダードになっている検査で，かつ日本でも使える検査を紹介してきました。

　紹介してきた中で，短縮版の多さに気がつかれた方がいるのではないかと思います。スクリーニングの段階では，短縮版で簡便に方向づけをするというアプローチも採用されています。なお，次章で診断・評価のための検査を紹介していきますが，診断・評価の段階では，短縮版を用いることはできません。

　スクリーニングで短縮版を用いるかどうかの判断は，時間と精度のバランスで決まります。短縮版は「フルバージョンとほぼ同等」の精度が得られるものが選択されていますが，やはり情報量としては少なくなってしまいます。フルバージョンを使えば，精度は上がりますが，人的コストや時間的コストが発生します。よって，スクリーニングを実施するそれぞれの状況で，用意できる時間と求められる精度のバランスを考慮したうえで，フルバージョンを用いるのか，短縮版を用いるのかを判断していただければと思います。

ま と め

・ASD の一次スクリーニングに用いる代表的なツールとしては M-CHAT や ASSQ，二次スクリーニングに用いる代表的なツールとしては SCQ や PARS-TR，AQ があげられる。
・用意できる時間と求められる精度のバランスを考慮したうえで，フルバージョンを用いるのか，短縮版を用いるのかを判断する。

ASDの診断・評価ツール

1 欧米のASD診断・評価のゴールド・スタンダード

本章ではASDの診断・評価ツールを紹介していきます。現在の欧米のASD診断のゴールド・スタンダードとしては，図4-1のように二次スクリーニングのツールとして前章で紹介したSCQが使われており，診断・評価のツールとしてはADI-RとADOS-2が使われています。

よって本章でも，このADI-RとADOS-2に焦点を当てて紹介していきます。

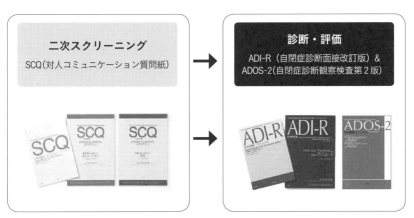

図4-1　二次スクリーニングのツール（SCQ）と診断・評価のツール（ADI-R，ADOS-2）

2 ADI-R

まず1つめは，**自閉症診断面接改訂版**（Autism Diagnostic Interview-Revised：通称ADI-R，Lord, Rutter, & Le Couteur, 1994 ADI-R日本語版研究会監訳 2013）です。

ADI-Rの適用年齢は2歳0か月以上です。面接プロトコル冊子が準備されており，その冊子に従って保護者や養育者に半構造化面接を行なうか

> **ポイント1　ADI-R の概要**
>
> ・開発者　　：Lord et al., 1994 ADI-R 日本語版研究会監訳 2013
> ・適用年齢：精神年齢 2 歳 0 か月以上
> ・検査用紙：面接プロトコル冊子
> ・検査方式：半構造化面接
> ・回答者　　：保護者 / 養育者
> ・構　成　　：全 93 項目（ASD に典型的に見られる社会性，言語，行動，興味の特徴）
> ・スコアリング：0，1，2，（3）の 3 〜 4 段階
> ・実施時間：90 〜 120 分

たちで進めていきます。内容は全部で 93 項目あり，ASD に見られる社会性，言語，行動，興味の特徴を，発達歴も含めてかなり細かく聞いていきます。スコアリングも 0，1，2，（3）の 3 〜 4 段階で評価することが求められ，詳細に把握することができる検査です。そのぶん，実施時間が 90 分〜 120 分と長くかかります。

また診断時に使う子どもの情報としては SCQ と同様に，子どもが 4 歳から 5 歳の頃の 1 年間を，保護者が振り返って回答したものになります。なおこだわりの領域に関しては，4 歳から 5 歳の 1 年間だけでなく，誕生から今までを振り返って症状や程度がどうだったかを，丁寧に聞き取る検査になっています。

3　ADOS-2

次に**自閉症診断観察検査第 2 版**（Autism Diagnostic Observation Schedule-Second Edition：ADOS-2，Lord et al., 2013 黒田・稲田監修・監訳 2015）です。

日本語版は 2015 年に出た検査で，適用年齢は 12 か月から成人までと，幅広い年齢帯に使える検査になっています。なぜ ADOS-2 が，幅広い年齢帯に使える検査になっているかというと，対象者の表出言語水準[01] や年齢に合わせてポイント 2 に示す 5 つのモジュール[02] の中から選択する形式になっているからです。

1．モジュールの選択

ADOS-2 にはたくさんの検査道具があり，それぞれのモジュールで使う道具が決まっています。モジュール T は 12 か月から 30 か月の低年齢

01 表出言語水準　どれぐらい言葉を話せるかを表す水準（レベル）。
・未発語…言葉を発しない
・2 語文レベル…「バナナ，取って」など 2 語を関連づけた言葉を発する
・3 語文レベル…「ママ，バナナ，取って」など 3 語を関連づけた言葉を発する

02 モジュール　交換可能な構成要素・部品のこと。ADOS-2 は年齢や表出言語水準に合わせて検査で使う道具を交換するため，この「モジュール」という言葉が使われる。

> **ポイント2　ADOS-2 の概要**
>
> ・開発者　　：Lord et al., 2013 黒田・稲田監修・監訳 2015
> ・適用年齢：生活年齢 12 か月～成人
> 　※対象の表出言語水準および年齢に合わせてモジュールを選択
> 　　モジュール T：未発語～2 語文レベル（12～30 か月）
> 　　モジュール 1：未発語～2 語文レベル（31 か月～）
> 　　モジュール 2：3 語文レベルから流暢でないレベル
> 　　モジュール 3：流暢な水準の子どもから思春期
> 　　モジュール 4：流暢な水準の青年期以降

で，かつ表出言語水準が未発語から 2 語文レベルの乳幼児に使います。モジュール T の T は Toddler（乳幼児）という意味です。モジュール 1 も同じく幼児向けですが，31 か月以上で表出言語水準が未発語から 2 語文レベルの幼児に使います。モジュール 2 は，表出言語水準が 3 語文レベルから流暢でないレベル，モジュール 3 は，言語が流暢な水準で，児童期から思春期の子どもを対象とします。モジュール 4 は，言語が流暢な水準の青年期以降で，主に青年期・成人期の方を対象とします。

　ADOS-2 の最大の特徴は「行動観察のための検査」であるという点です。決められた道具を用いて場面を設定し，決められた手続きで ASD の特性を行動観察します。ASD 特有の対人コミュニケーション行動やこだわりについて，ADI-R のように保護者や養育者から聴き取るのではなく，本人の行動を，その場で観察するのです。

　その場で観察するとなると，行動を引き出すための「場面設定」が必要です。そこで 5 つのモジュールそれぞれで決められた検査道具を使って，年齢に合わせた課題を設定します。設定された課題に対して，年齢相応の行動特徴が見られるかどうかを観察するのです。対人コミュニケーション行動を最大限引き出すような遊びや課題を設定して，そこで対象者の様子を見ることになっています。

2．検査の詳細

　検査は先ほど述べたように，年齢と表出言語水準別の 5 種類のモジュールプロトコル冊子を使います。検査方式は半構造化面接ですが，低年齢の場合は道具のほとんどがおもちゃなので，面接というよりも，楽しい雰囲気で遊びながら子どもの行動を観察する，という内容になっています。

　ADOS-2 は，「観察」「評定」「アルゴリズム」[03] の 3 つから構成されています。

　まずは「観察」です。決められた検査用具を用いて，決められた場面を

講義メモ

03 アルゴリズム　機械的な手続きのこと。ADOS-2 では，数値化された評定を，決められた手順に基づき機械的に集計していく。

> **ポイント3** ADOS-2 検査の詳細
>
> - 検査用紙：モジュールプロトコル冊子（モジュールT, 1, 2, 3, 4）
> - 検査方式：半構造化面接
> - 評価対象者：本人
> - 構　　成：「観察」「評定」「アルゴリズム」
>   ▶ 「観察」は，決められた検査用具を用い，決められた場面を設定し，決められた手続きでかかわる⇒年齢，言語水準相応の対人コミュニケーション行動を最大限に引き出す設定
>   ▶ 「評定」は，言語と意思伝達，相互的対人関係，想像力／創造性，常同行動と限定的興味，その他の異常行動」の5領域に関する各行動
>   ▶ 「アルゴリズム」は，評定結果をスコアリングし，診断分類を導き出す
> - スコアリング：0, 1, 2, (3) の3～4段階
> - 実施時間：30～90分

設定し，決められた手続きで課題を提示します。課題は，年齢や言語水準相応の対人コミュニケーション行動を最大限に引き出すための設定になっており，その課題に対して検査対象者がどのような行動をとるかを観察します。

次に**「評定」**です。観察結果から，「言語と意思伝達」「相互的対人関係」「想像力・創造性」「常同行動と限定的な興味」「そのほかの異常行動」の5領域について，0, 1, 2の3段階，もしくは0, 1, 2, 3の4段階で評定します。その後**「アルゴリズム」**を用い，評定の結果を集計して，ADOS-2の診断分類を導き出します。

実施時間は，主に乳幼児対象のモジュールT，1や2だと30分ぐらい，モジュール3や4だと60分から90分ぐらいになります。この観察中に

ADOS-2 のマニュアルを見ながら行動観察はできない

記録を取ることはできても，評定を行なうことはできません。全部終えてから，観察全体で見られた行動を総合的に評定します。実際 ADOS-2 には，観察時間全体を通した行動の量や質を評価する項目が多くあるため，観察中に評定ができません。評定は観察がすべて終わったあとに行なうのです。

　さらに，検査者は観察することが重要であるため，検査中に ADOS-2 の実施手順を見ることもできません。つまり ADOS-2 の検査者は，実施マニュアルをすべて頭に入れてから，検査を行なう必要があります。また，観察後にどんな内容を評定するか，評定項目を念頭に置きながら観察することも必要です。

　このように ADOS-2 の実施には熟練が必要です。そのぶん，子どもは楽しみながら検査できます。また診断の精度も高いので，今後 ASD の診断・評価の際に使用する重要な行動観察の検査になると思われます。

ま と め

- ・ASD の診断・評価の代表的なツールとして，ADI-R と ADOS-2 があげられる。
- ・ADI-R は保護者や養育者が回答する形式であることに対し，ADOS-2 は対象の行動を直接観察する形式。いずれも熟練が必要。

5 包括的アセスメントを行なうために

1 包括的アセスメントとは

前章までは，ASDに特化した各アセスメントツールを紹介してきました。ただし，ASDのアセスメントだからといって，ASDに特化したアセスメントだけ行なえばよいわけではありません。

たとえば，ASDの対人コミュニケーション行動を判断するにあたり，ASDに特化したアセスメントツールだけでなく，発達検査や知能検査で，子どもそれぞれの全般的な発達水準や知的水準[01]を把握しておく必要があります。なぜならば，それぞれの発達水準・知的水準によって，期待される対人コミュニケーション行動が変わるからです。目の前の子どもの発達水準・知的水準を把握し，それと子どもの対人コミュニケーション行動を照らし合わせてはじめて，対人コミュニケーション行動が遅れているのか，乏しいのか，偏っているのかを判断することができます。

今は発達水準・知的水準を例にあげましたが，それ以外にもさまざまな側面からASDの子どもを把握することが必要です。このようにさまざまな視点から，対象を複合的に把握しようとすることを，**包括的アセスメント**といいます。

講義メモ

01 発達水準，知的水準 発達水準は，子どもの心身発達の程度を表すもので，主に発達検査によって測られる。発達水準の指標の一つに発達年齢があり，発達年齢3歳であるならば，心身の発達が定型発達の3歳程度ということを表す。知的水準は，子どもの知的能力の程度を表すもので，主に知能検査によって測られる。知的水準の指標の一つにIQがある。

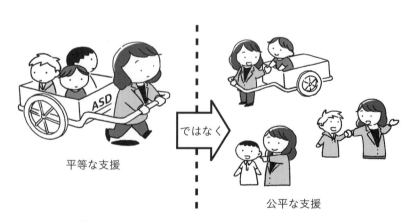

平等な支援　ではなく　公平な支援

公平に個々の支援を考えるためには
包括的アセスメントによる個々の理解が必要！

「0　はじめに」でも触れたように，ASD のアセスメントは，個々の特性に配慮した「公平」な支援を組み立てていくためのものです。よって，包括的アセスメントにより個々の特徴を把握し，テーラーメイドな支援の方向性を考えることが重要なのです。

2　包括的アセスメントのために

包括的アセスメントのために必要なアセスメントには下記のポイント 1 のようなものがあげられます。ASD に特化したアセスメントは，前章までに紹介してきたものです。本章では，その他のアセスメントを一つずつ紹介していきましょう。

ポイント1　包括的アセスメントのために必要なアセスメント

・ASD に特化したアセスメント
・発達水準・知的水準のアセスメント
・適応行動のアセスメント
・詳細なこだわり行動のアセスメント
・感覚面のアセスメント
・運動面のアセスメント
・併存疾患のアセスメント
・インフォーマルアセスメント

1.　発達水準・知的水準のアセスメント

発達水準のアセスメントに用いる発達検査のうち，保護者や養育者の聴取を行なうものとして，**遠城寺式乳児分析的発達検査**や，**津守・稲毛式乳幼児発達診断法**があげられます。これらの検査は，開発の年代が 1970 年代，1960 年代と十分に古い検査であることを理解して使うべきです。時代や年齢に応じて，子どもの定型的な発達水準は変わるので，保護者や養育者に聴取するタイプの発達検査については，今後最新のものが開発される必要があると思われます。個別式の発達検査は，**新版 K 式発達検査**や**ベイリーⅢ乳幼児発達検査**があげられます。ベイリーⅢの日本版は現在標準化作業中ですが，数年後には刊行されて，乳幼児の発達を細やかにみることができる検査になると思われます。知能検査は，**ウェクスラー式知能検査**や，**田中ビネー式知能検査 V** などがあります。

PART 3 自閉スペクトラム症（ASD）のアセスメントの基本を学ぶ

講義メモ

02 遠城寺式乳幼児分析的発達検査 この検査では養育者への聴取だけでなく，乳幼児の直接観察も行なう。

| ポイント 2 | 発達水準・知的水準のアセスメントに用いる検査 |

《発達検査》
　養育者への聴取
　　・遠城寺式乳幼児分析的発達検査（遠城寺，1977）[02]
　　・津守・稲毛式乳幼児精神発達診断法（津守・稲毛，1961）など
　個別式検査
　　・新版 K 式発達検査（K 式発達検査研究会，2008）
　　・ベイリー III 乳幼児発達検査（日本版は標準化作業中）など
《知能検査》
　　・ウェクスラー式知能検査（日本版 WAIS-IV 刊行委員会，2018；日本版 WISC-IV 刊行委員会，2010）
　　・田中ビネー知能検査 V（田中教育研究所，2003）など

講義メモ

03 適応行動 適応行動の定義にはさまざまなものがあるが，Vineland 適応行動尺度では「個人的・社会的充足を満たすのに必要な，日常生活における行動」と定義されている。また，適応行動は年齢に関連するものであり，それぞれの年齢で重要となる適応行動は異なる。

---

2. 適応行動のアセスメント

　適応行動[03]をアセスメントするツールとして，**Vineland 適応行動尺度第二版**（Vineland Adaptive Behavior Scale-Second Edition, Sparrow Cicchetti, & Balla, 2005 辻井・村上監修 2014）があります。これは保護者・近親者や評価対象者をよく知る方に実施する面接検査で，評価対象者の適応年齢は 0 歳から 92 歳です。生まれたての赤ちゃんから高齢の方までを幅広くカバーする検査で，全般的な生活の適応行動をアセスメントする検査になっています。検査の形式は半構造化面接です。評価対象者の年齢によって多少前後しますが，実施時間は 20 分〜 60 分です。

　Vineland 適応行動尺度の特徴は，まるで保護者の方と普通に面接で会話をするようにしながら，必要な情報を入手できる点です。必要な情報を収集するための質問項目があるのですが，面接者側が紋切り型の質問にならないように，通常のナチュラルな会話の中で，情報を収集していく面接

| ポイント 3 | Vineland 適応行動尺度第二版の概要 |

・開発者　：Sparrow et al., 2005 辻井・村上監修 2014
・適用年齢：0 〜 92 歳
・検査用紙：面接調査フォーム
・評価対象者：制限なし
・回答者　：近親者および評価対象者をよく知る者
・検査方式：半構造化面接
・実施時間：20 〜 60 分

を行なうことができるのです。

3．詳細なこだわり行動のアセスメント

　詳細なこだわり行動のアセスメントとして，**RBS-R 反復的行動尺度修正版**（Repetitive Behavior Scale-Revised：RBS-R, Bodfish, Symons, Parker, & Lewis, 2000; Inada et al., 2015）があげられます。原版では適応年齢の指定がありませんが，2 歳以上が適切かと思われます。検査用紙は質問紙で，保護者や教師が回答します。

　構成は全 43 項目で，ASD に特有のこだわり行動に特化した検査です。特に，どのこだわりの領域に困難を抱えているのかという点を，丁寧に把握するための質問紙になります。回答方式は 4 件法です。また結果から，重症度まで判定できるという点も特徴です。実施時間は 10 分〜 15 分程度です。

ポイント 4　　**RBS-R 反復的行動尺度修正版の概要**

- ・開発者　　：Bodfish et al., 2000; Inada et al., 2015
- ・適用年齢：2 歳以上
- ・検査用紙：質問紙
- ・回答者　：保護者や教師など
- ・構　成　：全 43 項目（ASD に特有の興味・行動）
- ・回答方式：4 件法
- ・実施時間：10 〜 15 分

4．感覚面のアセスメント

　感覚面のアセスメントについては，**感覚プロファイル**（Sensory Profile：SP）というものが開発されています。ASD は感覚の敏感さや鈍感さ，感覚面への過度な興味があるという点も特徴で，感覚の問題で困難を抱える人はかなり多いです。しかし，本人がその敏感さや鈍感さ，過度な興味に自覚がないことも多いので，この SP で明らかにしていきます。

　SP は年齢帯別に構成されており，乳幼児用と子ども用と青年・大人用の 3 種類があります。乳幼児用と子ども用は，他の質問紙と同様，保護者や教師が記入します。しかし青年・大人用の場合，周囲の大人からわからないような,本人だけが感じている感覚の問題がある可能性を考慮して，対象者本人が記入するかたちになっています。

> **ポイント 5　感覚プロファイル（SP）の概要**
>
> 乳幼児用
> ・開発者　　：Dunn, 2002 辻井監修 2015
> ・適用年齢：0 ～ 6 か月（36 項目），7 か月～ 3 歳（48 項目）
> ・回答者　　：家族，教師などが記入
> 子供用
> ・開発者　　：Dunn, 1999 辻井監修 2015
> ・適用年齢：3 ～ 10 歳（125 項目）
> ・回答者　　：家族，教師などが記入
> 青年・大人用
> ・開発者　　：Brown & Dunn, 2002 辻井監修 2015
> ・適用年齢：11 歳～（60 項目）
> ・回答者　　：本人が記入

5．運動面のアセスメント

　ASD の人は不器用な方が多く，ボールを蹴ったりなど，大きく全身を使うような運動が苦手であることが多いです。絵を描いたり制作したりといった，手先の運動が苦手な人もいます。そういう運動面をアセスメントする検査として，**DCDQ-R，Little DCDQ，M-ABC2** などがあります。DCDQ-R は 5 歳以上から中学生ぐらいまで，Little DCDQ は 3 歳から 4 歳ぐらいの低年齢の方が対象です。検査には質問紙を使います。M-ABC は個別式検査で 2018 年現在，日本語版の開発途中ですが，まもなく日本でも利用可能になると思われます。

> **ポイント 6　運動面をアセスメントする検査**
>
> ・DCDQ-R（Developmental Coordination Disorder Questionnaire-R
> ：発達性協調運動障害評価尺度，Wilson, Crawford, Green, Roberts,
> Aylott, & Kaplan, 2009）
> ・Little DCDQ（Little Developmental Coordination Disorder
> Questionnaire：発達性協調運動障害評価尺度低年齢児用）
> ・M-ABC2（Movement Assessment Battery for Children - Second
> Edition：児童用動作アセスメントバッテリー第二版，Henderson,
> Sugden, & Barnett, 2007）

6．併存疾患のアセスメント

　ASD は，ASD 以外の発達障害を合併することが多く，中でも最も多い

のが ADHD（Attention-Deficit/Hyperactivity Disorder：注意欠如・多動症）です。ADHD の症状評価のための検査[04]としては，ポイント7に示すように，**ASRS-v1.1** や **ADHD-RS-V**，**Conners3** や **CAARS** というものがあります。

> **講義メモ**
>
> **04** ADHD の診断　ADHD や LD においても，スクリーニング，診断・評価といったアセスメントのレベルは存在する。

> **ポイント7**　ADHD の症状評価のための検査
>
> ・ASRS-v1.1（Adult ADHD Self Report Scale-v1.1：成人期の ADHD 自己記入式症状チェックリスト，Kessler et al., 2005 武田 2011）
> ・ADHD-RS-V（ADHD-Rating Sclae-V：ADHD 評価スケール日本語版，DuPaul, Power, Anastopoulos, & Reid, 1998；市川・田中，2008）
> ・Conners 3（コナーズ 3，Conners, 2008 田中訳 2011）
> ・CAARS（Conners' Adult ADHD Rating Scale：コナーズ成人 ADHD 評価尺度，Johnson & Conners, 1998 中村監修 2011）など

他の併存疾患では，限局性学習症（Specific Learning Disabilities：SLD）を合併する場合も多くあります。LD を適切に評価する検査は，代表的なものとして，**LDI-R**，**STRAW**，**STRAW-R**，**SCTAW** があげられます（ポイント8）。

> **ポイント8**　LD の症状評価のための検査
>
> ・LDI-R（Learning Disabilities Inventory-Revised：LD 判断のための調査票，上野・名越・小貫，2008）
> ・STRAW（Screening Test of Reading and Writing for Japanese Primary School Children：小学生の読み書きスクリーニング検査，宇野・春原・金子・Wydell，2006）
> ・STRAW-R（A Standardized Test for Assessing the Read- ing and Writing Ability of Japanese Children and Ado- lescents：標準読み書きスクリーニング検査，宇野・春原・金子・Wydell，2015）
> ・SCTAW（The Standardized Comprehen- sion Test of Abstract Words：標準抽象語理解力検査，宇野，2002）など

発達障害に限らず，精神疾患を併存する場合も多くあります。たとえば，成人になると，うつ病や不安症を合併している ASD の方は多いです。これら精神疾患を把握するためのアセスメントとしては，**SCID** や **M.I.N.I.** があげられます。これらは，半構造化面接ではなく，質問項目や順番が固定された構造化面接となります。

> **ポイント9** **精神疾患，情緒と行動の症状評価のための検査**
>
> 精神疾患
> - SCID（Structured Clinical Interview DSM Disorders：精神科診断面接マニュアル，First, Spitzer, Gibbon, & Williams, 2002 高橋監修2003）
> - M.I.N.I（Mini-International Neuropsychiatric Interview：精神疾患簡易構造化面接法，Sheehan, Janavs, Knapp, Sheehan, & Baker, 1992 大坪・宮岡・上島訳2003）など
>
> 情緒と行動
> - CBCL（Child Behavior Checklist：子どもの行動チェックリスト，中田他，1999；井澗他，2001）
> - SDQ（The Strengths and Difficulties Questionnaire：子どもの強さと困難さアンケート，Goodman, 1997; Moriwaki & Kamio, 2014）

また，精神疾患ではなくても，情緒と行動の困難を抱えている場合もあります。不安などの情緒面，多動などの社会面や行動面を把握するためのアセスメントとして，**CBCL** や **SDQ** があげられます。SDQ は「子どもの強さと困難さアンケート」と呼ばれており，現在，日本でも標準化されて利用可能になっています（ポイント9）。

7. インフォーマルアセスメント

最後に**インフォーマルアセスメント**です。この点については，フォー

表 5-1　フォーマルアセスメントとインフォーマルアセスメントの比較

	長所	短所
フォーマルアセスメント	・標準化されていて，結果を数値化できる ・個人間・個人内の比較ができる ・症状全体を評価できる ・客観的に評価できる	・非日常的な高度に構造化された場面 ・限られた時間内で実施するため，評価される能力やスキルに限界がある
インフォーマルアセスメント	・日常的な自然な場面 ・能力やスキルだけでなく，個人の興味や関心を把握できる	・主観的になりやすい ・評価の視点や記録が評価者の経験やスキルに左右される ・程度の判断が難しい ・その場にいない人との共通理解が難しい場合がある

マルアセスメントと比較しながら考えてみたいと思います。

フォーマルアセスメントとは，これまで紹介してきたような，被検査者の特性や傾向を数量化し，客観的・科学的に把握するための検査ツールのことです。検査用紙，検査内容とその手続き，採点や評価の方法などが厳密に定められています。ただし，フォーマルアセスメントはその厳密さから非日常的な場面となり，現実場面との乖離が起こってしまうことがあります。そこで，フォーマルアセスメントほど科学的な厳密さを求めず，日常の場面の観察や聴き取りから，対象の特徴を直接把握しようとする試みをインフォーマルアセスメントと言います。

フォーマルアセスメントとインフォーマルアセスメントは，それぞれに長所・短所があり，いずれか片方というよりは，組み合わせることが重要です。

フォーマルアセスメントの長所としては，標準化されているため，結果を数値でみることができ，かつ「他の人と比べて自分がどの位置にいるのか」という個人間の比較や，「半年前と比べて現在はどうか」という個人内の比較も可能です。また，項目が症状全体を網羅するようにできていますので，症状を全体的かつ客観的に評価できます。

一方で短所としては，非日常的な構造化された場面で行なうものであるため，日常生活との乖離が起こりうることや，限られた時間で実施するため，評価される能力やスキルに限界があることです。たとえば，検査日に偶然体調が悪くて能力を発揮できなかった場合，検査によって把握できる行動や能力が限られてしまいます。

インフォーマルアセスメントの長所は日常的で自然な場面で行なうので，対象の「真の状態像」に迫ることができることや，能力やスキルだけでなく，個人の興味や関心を把握できることがあげられます。

一方で短所としては，特別な場面設定をせず，客観性や科学性を重視しないため，把握した内容が主観的になりやすいこと，評価の視点や記録が，

フォーマルアセスメント
「設定されたアセスメント」

インフォーマルアセスメント
「日常のアセスメント」

評価者の経験やスキルに左右されてしまうこと，数量化されないので程度の把握が難しいことなどがあげられます。また，その場にいない人と対象について理解した内容を共有することも容易ではありません。

よって，フォーマルアセスメントとインフォーマルアセスメントのどちらかというわけではなく，フォーマルアセスメントを使いながら，インフォーマルアセスメントを組み合わせて，個人を総合的に見ていくことが重要です。

まとめ

- 個々の特性に配慮した「公平」な支援を組み立てるためにも，包括的アセスメントにより ASD の子どもそれぞれの特徴を把握し，個別の支援の方向性を考えることが大切である。
- フォーマルアセスメントとインフォーマルアセスメントは，それぞれに利点と欠点があるため，組み合わせて用いることが重要。

アセスメントから始まる支援

　これまでさまざまなアセスメントツールについて紹介してきましたが，ツールを使うことそのものがアセスメントの目的ではありません。「0 はじめに」でもお伝えしたように，アセスメントは支援の第一歩であり，個々に公平で適切な支援を考えるために用いられるべきです。そこでPART 3 の最後となる本章では，アセスメントからどのような支援につなげられるのか，具体的な事例を交えてお伝えしていきます。

1　アセスメントのプロセスを通じて

　アセスメントの場面は，保護者や子ども本人と一緒に，これまで感じてきた困難を聴いたり，汲み取ったりする重要な機会です。フォーマルアセスメントの場合は，聴き取るべき項目や見るべき項目がありますが，それらをチェックしながらも，保護者や本人の思いや困っていることを丁寧に聞くことが重要です。その聴き取りの中で，保護者や本人も，これまでの行動や発達の過程を振り返る機会が得られることでしょう。たとえば面接

ポイント1　アセスメントのプロセスにおけるポイント

《保護者や本人と一緒に》
・これまで感じてきた困難を聴き，汲み取る
・これまでの行動や発達過程を振り返る
・ASD 特性への気づきと理解を促す機会

● 重要なコンセプト
・必要な情報を収集しながらも，相互的な対話を目指す
・アセスメントツールは特性を理解する手段であり，使うことが目的ではない
・どんな支援が本人の適応を促すかを常に考えながらアセスメントする

のプロセスの中で，ある行動が ASD 特性による行動であったと，保護者の方が気づくこともあります。このように，必要な情報を収集しながらも，相互的な対話を目指すことが大切です。アセスメントのプロセス自体がすでにカウンセリングの場面であるととらえるべきでしょう。

　また，アセスメントツールを使うことそのものが目的になってしまいがちですが，アセスメントツールは特性を理解するための手段です。どんな支援が本人の適応を促すかを，常に視野に入れながらアセスメントすることが大切です。面接の中で保護者や本人が，これまでどんな取り組みや対処法を行なってきたのかを把握して理解したうえで，どのような点を適応的な生活の支援につなげられるか，考えながらアセスメントすることが重要です。

2　アセスメント結果のフィードバック

　次に，アセスメントの結果をフィードバックする際の注意点を紹介します。

　アセスメント結果のフィードバックは，障害名の宣告ではありません。結果のフィードバックは，継続的な支援につなげるための重要な最初の機会になりますし，この結果のフィードバックの機会を利用して，本人や保護者に「ASD の特性はどういうものか」「今後，どのようなかかわりが必要か」など，心理教育[01] をしていく重要な機会となります。

　重要なコンセプトとしては，ASD の一般的な特性と，個人に現れている特性の両方を伝えることがあげられます。ASD はとても多様なので，ASD の一般的な特性と本人の特性が大幅にずれていることがあります。また，生きてきた中で身につけたものや個人なりの強みがあったりもするでしょう。ですから「一般的に ASD はどうであるか」と「本人はどうで

講義メモ

01 心理教育　心理学の知識を提供すること。

ポイント2　**アセスメント結果をフィードバックする際のポイント**

・障害名の宣告ではない
・継続的な支援につなげるための重要な最初の機会
・本人と保護者にとっての心理教育の機会

● **重要なコンセプト**
・ASD の一般的な特性と個人に現れている特性の両方を伝える
・個人の強みと弱みの両方を伝える
・支援策を考えるうえでは，弱みよりも強みに目を向ける

あるか」の両方を伝えることが大切です。特に，個人の弱みだけでなく，強みに目を向けていくことが支援策を考えるうえで重要となります。

3　ASDの支援におけるポイント

次に，ASDの支援策を考えるうえでのポイントをあげます。

ASDの支援においては，包括的アセスメントの結果をふまえ，ASDの一般的な特性にこだわらず，個人に現れている特性，特に強みに目を向けて，個別の支援策を考えるべきです。

また支援の目標は，定型発達になることではありません。言い換えると，「普通になること」を目指さないということです。では，何を目指すかというと，本人の実生活の中での適応や生活の質を高めることを目指して支援していきます。具体的には，本人がもっている長所が必ずありますから，それを包括的アセスメントで把握して，長所を活かしながら短所をどうやって補うかを考えて支援を行なっていくのです。

> **ポイント3　ASDの支援におけるポイント**
> ・ASDの包括的アセスメントの結果をふまえて個別の支援を考える
> ・支援の目標は，定型発達になることではない
> ・本人の実生活での適応や生活の質を高める支援を考える
> ・ASDの長所を活かしながら，短所を補う支援

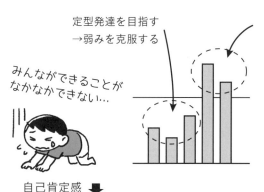

4 定期的なアセスメントの必要性

さらに、アセスメントは1回限りではなく、定期的に行なうべきです。

図6-1は定期的なアセスメントとそれに基づく支援のフローチャートです。まずは包括的なアセスメントを行ない、短期的と長期的の両方の支援目標を立てます。その後、支援計画や方法を策定して、支援を実施します。そして再びアセスメントに戻って、支援が正しい方向に行なわれたか、効果が得られているかどうかを判断し、変化するニーズに対応して支援目標や方法を変更したり追加したりします。このようにアセスメントと支援を定期的に繰り返していくことが、**エビデンス・ベイスト・プラクティス**[02]と言えます。

> **講義メモ**
> **02 エビデンス・ベイスト・プラクティス**　「根拠に基づく実践」と訳される。個人の経験や感覚に基づく実践ではなく、効果の根拠を示しながら実践活動を進めること。

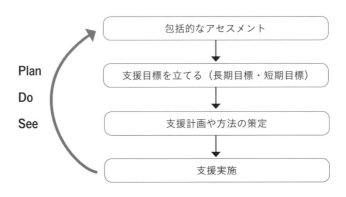

図6-1　定期的なアセスメントと支援

5 アセスメントに基づく支援の提案

最後に、これまで紹介してきた検査を用いて、どのようにテストバッテリーを組むのか、そしてアセスメントの結果からどのような支援を提案できるのか、架空の事例を使ってお伝えしたいと思います。

1. 事例の概要

事例の概要は以下のとおりです。

架空事例　対象児：A（男児、2歳4か月）

1歳半健診で、単語を話さず、母親はそのことを心理師に相談したが「様子を見ましょう」と言われたのみであった。

2歳過ぎになって、母親は、言葉がでない、目が合いにくい、児童

館等で会う同年齢の他児と比べて発達が遅い（ごっこ遊びをしない，人に積極的にかかわっていくことが少ない）ことなどが心配になり，インターネットで調べたところ自閉症にあてはまるのではないかと考えて，相談機関に来所した。普段の生活であまり困っていることはないが，どこに行っても母親にずっとべったりくっついて離れないことは気になっている。

このような主訴をもつ母親が，男児A君を連れて自治体の相談機関に来所されたということにしましょう。

まず主訴の内容から，A君に全般的な発達の遅れやASDが疑われたので，発達水準をアセスメントするために**新版K式発達検査**を実施することにしました。またASD症状については，母親の面接とA君の行動観察の両方から判断することにしました。そこで，母親の面接では**M-CHAT**を，A君の行動観察は**ADOS-2**を使うことにしました。また，母親にべったりついて離れず，不安の強さが疑われるので，**CBCL**を実施することにしました。

A君へのテストバッテリーをまとめると，表6-1のようになります。

表6-1　A君へのテストバッテリー

アセスメントの対象	アセスメントツール
発達水準	新版K式発達検査
自閉症状	M-CHAT，ADOS-2
情緒と行動	CBCL

2. 検査の結果

次に，上記の検査を実施した結果を見てみましょう。まずは新版K式発達検査の結果（表6-2）からです。

2歳4か月のA君は，全領域では1歳7か月相応で，発達指数[03]が67です。姿勢・運動領域だと発達指数69，認知・適応領域だと66，言語・社会領域だと61であることから，全体的に発達がゆっくりな子どもであることと，特に言語・社会領域に弱さが認められることがわかりました。

次に母親との面接で聴き取った，M-CHATの結果ですが，不通過項目は「他児への関心」「アイコンタクト」「微笑み返し」「視線追従」「社会的参照」でした。視線追従は，母親が見ているものを子どもが一緒に見るかを表す項目です。社会的参照とは，いつもと違うことが起こったときに，お母さんの顔を見て状況を判断するかを表す項目です。全部で23項目中5項目が不通過でした。

講義メモ

03 発達指数　発達検査は，まず発達の状態がどれくらいの年齢に相当するかを表す「発達年齢」を測定する。その後，「発達年齢／実年齢×100」で発達指数を求める。つまり，発達年齢と実年齢が同じである場合は，発達指数が100となる。

知能指数との違いは，知能指数が知的能力に限定した指標であることに対し，発達指数は知的能力に限らず姿勢や運動能力など，幅広い領域をカバーする点にある。

表 6-2　A 君の新版 K 式発達検査の結果

領域	発達年齢（歳：か月）	発達指数
姿勢・運動領域	601 日　（1：8）	69
認知・適応領域	579 日　（1：7）	66
言語・社会領域	529 日　（1：5）	61
全領域	578 日　（1：7）	67

全体的に発達がゆっくり。特に，言語・社会領域に弱さが認められる。

　次に，A 君の直接的な行動観察を行なった ADOS-2 の結果が表 6-3 です。
A 君は 2 歳 4 か月なので，モジュール T の適用となりました。
　「他者に向けた自発的な発声の頻度」は時々あるので 1，「身振り」や「ア
イコンタクト」はかなり乏しいので 2 としました。「他者に向けた顔の表
情」は，母親に対して時々あるので 1。「対人的働きかけの際の視線とそ
の他の行動との統合」はほとんどないので 2。「やりとり」する場面で他
者と喜びを共有するかということに関しては，弱いけれども時々あるので
1 です。興味があるものを「見せる」かという行動に関しては，年齢相応
にあるので 0。興味があるものを指差すこと（共同注意）を自発的にする
かという項目に関しては時々あるので 1。「共同注意への反応」については，
今回の場合は指差しの追従はできるけれども，視線の追従はできないとい
うレベルですので 1。「対人的働きかけの質」はかなり弱く 2 となりました。

表 6-3　A 君の ADOS-2 の結果

			領域小計	合計得点
対人的感情	他者に向けた自発的な発声の頻度	1	13	15
	身ぶり	2		
	普通でないアイコンタクト	2		
	他者に向けた顔の表情	1		
	対人的働きかけの際の視線とその他の行動との統合	2		
	やりとりにおける喜びの共有	1		
	見せる行為	0		
	共同注意の自発的開始	1		
	共同注意への反応	1		
	対人的働きかけの質	2		
限定的反復的行動	発声や言葉の抑揚	0	2	
	もの／人への普通でない感覚的な興味	1		
	手指の運動／しぐさ	1		
	普通でない反復的な興味あるいは常同行動	0		

「発声や言葉の抑揚」は，特に異常が認められないので0です。ものや人への「感覚的な興味」は，A君がおもちゃの臭いを嗅いでいたので，少しあるになりました。「手指の運動」は，手をひらひらすることが時々あったので1にしました。「普通でない反復的な興味あるいは常同行動」は見られませんでした。

すべての得点を合計すると15点となり，ASDの懸念の程度は「重度」となりました。なおADOS-2のモジュールTは，低年齢であるため診断を分類するというより今回のように懸念の程度をみる分類になっています。

最後に，情緒と行動の問題を知るためのCBCLの結果を図6-2に示します。

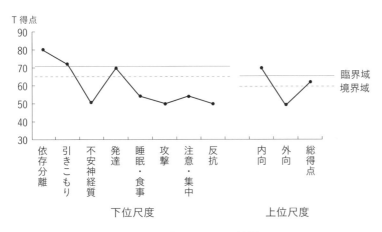

図6-2　A君のCBCLの結果

T得点は平均が50で，臨界域を超えているのは「依存分離」，つまり母親にくっついてなかなか離れない点です。また，対人的に積極的にかかわっていかない「引きこもり」の傾向も見受けられます。上位尺度としては「内向」が臨界域を超える結果になっています。

3. 見立てと支援方針

以上のことから，表6-4のような見立てと支援方針が考えられます。

具体的な支援としては，自治体でやっているような親子サークルに参加したり，今まで家にこもりがちだったので児童館に出かけたりなど，生活のヴァリエーションを本人のペースで少しずつ広げることを提案します。その際，知らない場所や人に対する不安が示されたことから，行く前に「行く場所や会う人の写真を見せる」など，新奇場面や馴染みのない他者に対して，A君の不安が軽減するような支援を優先的に行なう必要があるでしょう。加えて，対人コミュニケーション行動スキルの獲得を目指す課題に取り組むことになります。

表 6-4　A 君の症状の見立てと支援方針

- 軽度の全般的な発達の遅れが認められる。
- 人とかかわる力が弱くこだわりもあり，ASD の特徴がある。
- 新奇場面や馴染みのない他者へ不安を示した一方で，母親に対する働きかけは比較的見られることから，不安が軽減することにより母親以外の他者に対しても A 君の能力をより発揮できるようになったり，また対人コミュニケーション行動の学習が促進する可能性が考えられる。
- まずは，生活や経験のヴァリエーションを広げることにより，新奇場面や初めての他者に対して抱く不安の軽減を目指す必要がある。

6　ASD をアセスメントするために

最後に ASD のアセスメントについてまとめます。

> **ポイント 4　ASD のアセスメントのまとめ**
>
> - 定型的な（年齢相応の）発達を理解する
> - アセスメントのレベルを知り，目的に応じたアセスメントツールを選んで実施する
> - 個人の全体像を把握するために，適切なテストバッテリーが組めるようになる
> - ASD の認知の特徴をふまえ，個々のアセスメント結果を解釈していく
> - ASD の特性をふまえ，支援やその優先順位を考える

ASD をアセスメントするために重要なことは，定型的な発達のマイルス

トーンを理解することです。また，スクリーニングが目的なのか，診断・評価が目的なのか把握したうえで，目的に応じたアセスメントツールを選んで実施することも重要です。そして，個人の全体像を把握するためにも適切なテストバッテリーを組み，ASD の認知の特徴をふまえたうえで個々のアセスメント結果を解釈し，個々に公平な支援を考えていくことが，重要です。

　心理学的アセスメントができることは，心理職の強みの一つです。そのため心理職は，適切なアセスメントができるよう，今後も最新の検査について学んでいく必要があるでしょう。

　以上で本講義を終わります。

ま と め

・アセスメントにおいては，必要な情報を収集しながらも，相互的な対話を目指すことが重要。

・支援の目標は「定型発達になること」ではなく，個々の強みを活かして「実生活の適応や生活の質を高めること」である。

・アセスメントに基づいて支援を行ない，支援の結果をアセスメントする。このようにアセスメントと支援の定期的な繰り返しが求められる。

確認問題
TEST 1

以下の文章について，正しい文章には○，正しいとは言えない文章には×をつけなさい。

(1) ASD のほとんどが，知的能力障害を併発するため，それを前提とした支援が必要となる。　　　　　　　　　　　　　　　　　　　　　　　（　　　　　）

(2) ASD のアセスメントツールとして最も適切なものとして，ウェクスラー式知能検査があげられる。　　　　　　　　　　　　　　　　　　　　（　　　　　）

(3) ASD に対する支援の基本姿勢として，「平等な支援を実現すること」があげられる。　　　　　　　　　　　　　　　　　　　　　　　　　　（　　　　　）

(4) 「行動，興味，活動の限定された反復的な様式」について，2 歳前後の場合は定型発達の子どもにも見られるため，ASD との区別が難しい。　　（　　　　　）

(5) ASD は部分にとらわれるあまり，全体を把握することが苦手というかたちで，困難が現れることが多い。　　　　　　　　　　　　　　　　　（　　　　　）

(6) カットオフの基準を緩めに設定することで，偽陰性が増える可能性が生じてしまう。　　　　　　　　　　　　　　　　　　　　　　　　　（　　　　　）

(7) M-CHAT は，保護者に質問紙に回答してもらい，その結果をふまえて電話面接を行なうという 2 段階の方式になっている。　　　　　　　　（　　　　　）

(8) ASSQ は，知的能力障害を併発する ASD のスクリーニングツールとして適している。　　　　　　　　　　　　　　　　　　　　　　　　（　　　　　）

(9) アセスメントとカウンセリングを混同すると適切なアセスメントもカウンセリングも困難になるため，両者は切り離して考えるべきである。　（　　　　　）

(10) ASD の支援の目標は，定型発達にできるだけ近づくため，弱点を把握し，支援によって弱点を克服して自己肯定感を手に入れることである。（　　　　　）

確 認 問 題
TEST 2

次の空欄にあてはまる用語を記入しなさい。

(1) 1つの検査からわかる内容には限りがあるため複数の検査を組み合わせることを，（　　　　　　　）と呼ぶ。

(2) （　　　　　　　）とは，親が指さした方向を子どもが見たり，親の視線の先を子どもが見たりなど，他者と同じ空間の中で，他者と同じ物体や人物に対して注意を向け，注意を共有することである。

(3) ASD の子どもに見られることが多い，体や頭を前後，または左右に揺らす独特の行動のことを（　　　　　　　）と言う。

(4) 検査用紙，検査内容とその手続き，採点や評価の方法などが厳密に定められた，被検査者の特性や傾向を，客観的・科学的に把握するためのアセスメントツールのことを（　　　　　　　）と言う。

(5) （　　　　　　　）とは，客観性・科学性を確保するため，適切な検査結果が得られるか，確認する作業のことである。

(6) アセスメントツールが高い精度をもっているかを表す指標の4つであり，目標とするリスクをもたない人を，いかに適切に除外できたかを表す割合のことを（　　　　　　　）と言う。

(7) ASD 症状が最もピークであった「幼児期のピーク評定」を行なうことができ，親面接の評定尺度は（　　　　　　　）である。

(8) 主に二次スクリーニングで使われ，また他の検査ではあまり問われない ASD の認知面に関する項目が含まれている検査が（　　　　　　　）である。

(9) 欧米の ASD 診断のゴールド・スタンダードであるスクリーニングのツールとしては（　　　　　　　）が，診断・評価のツールとしては ADOS-2 と（　　　　　　　）が主に使われている。

(10) 個人の経験や感覚に基づく実践ではなく，効果の根拠を示しながら実践活動を進めることを（　　　　　　　）と呼ぶ。

PART 3　自閉スペクトラム症（ASD）のアセスメントの基本を学ぶ

確 認 問 題
TEST 3

次の表は，アセスメントのレベルをまとめたものである。以下の問いに答えなさい。

	目的	検査方法	代表的な検査
一次スクリーニング	A	D	G
二次スクリーニング	B	E	H
診断・評価	C	F	I

(1) A～Cにあてはまる文章として適切なものを，以下からそれぞれ選びなさい。

①発達障害のハイリスク群を主な対象として，発達障害を特定する。

②症状から障害名を与える臨床診断を適切に行なう。

③発達障害のローリスク群を主な対象として，何らかの障害やリスクがある人を発見する。

A （　　　　　　）, B （　　　　　　）, C （　　　　　　）

(2) D～Fにあてはまる文章として適切なものを，以下からそれぞれ選びなさい。

①簡便さを重視し，質問紙を用いることが多い。

②質問紙を単独で用いることはなく，保護者や本人への面接・行動観察も行ない，複数のアセスメントツールから，総合的に判断する。

③質問紙だけでなく，面接や行動観察も用いられる。

D （　　　　　　）, E （　　　　　　）, F （　　　　　　）

(3) 以下の語群のうち，G～Iの欄にあてはまる検査をすべて選びなさい。

〔語群〕 AQ, ADI-R, M-CHAT, ADOS-2, PARS-TR, SCQ, ASSQ

G （　　　　　　）, H （　　　　　　）, I （　　　　　　）

確 認 問 題
TEST 4

以下の問いに答えなさい。

(1) 従来の ASD のアセスメントにおける問題点を説明しなさい。

(2) ASD のアセスメントにおいて短縮版を使う場合がある。このような短縮版の利用について，留意点を論じなさい。

(3) ADOS-2 では，5 つのモジュールの中から選択する形式になっている。このような形式になっている理由について論じなさい。

(4) フォーマルアセスメントとインフォーマルアセスメント，それぞれの長所と短所を説明しなさい。

(5) アセスメント結果のフィードバックと心理教育における留意点について論じなさい。

(6) アセスメントは 1 回限りではなく，定期的に行なうべきである。その理由について論じなさい。

PART 3　自閉スペクトラム症（ASD）のアセスメントの基本を学ぶ

解答例

TEST 1
(1) × 知的能力障害の併発は約半数。
(2) × ASD に特化したツールを用いるほうがより適切。
(3) × 平等ではなく，公平。
(4) ○
(5) ○
(6) × 偽陰性ではなく，偽陽性。
(7) ○
(8) × 逆に，ASSQ はあまり適していない。
(9) × アセスメントの過程もカウンセリングの一部。
(10) × 支援の目標は定型発達になることではない。

TEST 2
(1) バッテリー（テストバッテリー）
(2) 共同注意
(3) ロッキング
(4) フォーマルアセスメント
(5) 標準化
(6) 特異度
(7) PARS-TR
(8) AQ
(9) SCQ, ADI-R
(10) エビデンス・ベイスト・プラクティス

TEST 3
(1) A：③　B：①　C：②
(2) D：①　E：③　F：②
(3) G：M-CHAT, ASSQ　H：SCQ, PARS-TR, AQ
　　I：ADI-R, ADOS-2

TEST 4
(1) 従来，ウェクスラー式知能検査による認知プロフィールから ASD をスクリーニングする試みが多く行なわれてきた。だが先行研究により，すべての ASD に共通するウェクスラー式知能検査の認知プロフィールは存在しないことが結論づけられている。また，ウェクスラー式知能検査は，ASD 特性をアセスメントする目的で作成された検査ではなく，あくまで知能検査であり，知的水準や認知機能を評価する検査である。ASD 特性を把握するためには，情報が不十分と言わざるを得なかった。

このように，ASD 特性を把握するための，ASD に特化したアセスメントツールの整備不足が従来の ASD のアセスメントの問題点としてあげられる。また ASD に特化したアセスメントツールの整備不足により，アセスメントの精度が援助者個人の経験や熟練度に左右されてきたという点も，従来の ASD のアセスメントの問題点であったと言えるだろう。

(2) 留意点の 1 つめとして，診断・評価の段階で短縮版を用いてはならない点があげられる。スクリーニングの段階では，簡便に方向づけをするという目的のもと，短縮版を用いたアプローチも採用されているが，検査の特異度を重視する診断・評価の段階で，短縮版を用いることはない。

留意点の 2 つめとして，スクリーニングで短縮版を用いるメリットとデメリットを把握したうえで使用を判断する点である。基本的にスクリーニングで短縮版を用いるかどうかの判断は，時間と精度のバランスで決まる。短縮版の精度は「フルバージョンとほぼ同等である」と結論づけられていることが多いが，やはり情報量としては少なくなってしまう。フルバージョンを使えば，精度は上がるが，人的コストや時間的コストが発生する。よって，スクリーニングを実施するそれぞれの状況で，用意できる時間と求められる精度のバランスを考慮したうえで，フルバージョンを用いるのか，短縮版を用いるのか，判断することが求められるだろう。

(3) まず ADOS-2 は「行動観察のための検査」であるという点を念頭に置く必要がある。決められた道具を用いて場面を設定し，決められた手続きで ASD 特性を行動観察する。ASD 特有の対人コミュニケーション行動やこだわりについて，ADI-R のように保護者や養育者から聴き取るのではなく，本人の行動を，その場で観察するのである。

また，被検査者の行動を直接検査者が観察するとなると，被検査者の行動を引き出すための「設定」が必要となる。そこで ADOS-2 では，表出言語水準や年齢別の 5 つのモジュールが用意されており，それぞれのモジュールで決められた検査道具を使って，表出言語水準や年齢に合わせた「観察のための課題」を設定するのである。それぞれの

142

モジュールで設定されている課題は，対人コミュニケーション行動を最大限引き出すような課題になっており，設定された課題に対して，年齢相応の行動が見られるかどうかを観察するのである。つまり，ADOS-2で5つのモジュールが設定されている理由は，表出言語水準や年齢相応の行動が見られるか否かを観察する「課題」を適切に設定するため，と言えるだろう。

(4)　フォーマルアセスメントの長所としては，標準化されているため，結果を数値で見ることができ，かつ「他の人と比べて自分がどの位置にいるのか」という個人間の比較や，「半年前と比べて現在はどうか」という個人内の比較が可能な点である。また，項目が症状全体を網羅するようにできているので，症状を全体的かつ客観的に評価できる。短所としては，非日常的に構造化された場面で行なうものであるため，日常生活との乖離が起こりうることや，限られた時間で実施するため，評価される能力やスキルに限界があることがあげられる。たとえば，検査日に偶然体調が悪くて能力を発揮できなかった場合，検査によって把握できる行動や能力が限られてしまう。

インフォーマルアセスメントの長所は日常的で自然な場面で行なうので，対象の「真の状態像」に迫ることができることや，能力やスキルだけでなく，個人の興味や関心を把握できることがあげられる。短所としては，特別な場面設定をせず，客観性や科学性を重視しないため，把握した内容が主観的になりやすいこと，評価の視点や記録が，評価者の経験やスキルに左右されてしまうこと，数量化されないので程度の把握が難しいことなどがあげられる。

よって，フォーマルアセスメントとインフォーマルアセスメントのどちらかというわけではなく，フォーマルアセスメントを使いながら，インフォーマルアセスメントを組み合わせて，個人を総合的に見ていくことが重要となる。

(5)　アセスメント結果のフィードバックは，障害名の宣告ではない。結果のフィードバックは，継続的な支援につなげるための重要な最初の機会になるうえに，この結果のフィードバックの機会を利用して，本人や保護者に「ASDの特性はどういうものか」「今後，どのようなかかわりが必要か」など，心理教育をしていく重要な機会となる。

留意点としては，ASDの一般的な特性と，個人に現れている特性の両方を伝えることがあげられる。ASDはとても多様なので，ASDの一般的な特性と本人の特性が大幅にずれていることがある。また，生きてきた中で身につけたものや個人なりの強みがあったりするので「一般的にASDはどうであるか」と「本人はどうであるか」の両方を伝えることが重要となる。特に，個人の弱みだけでなく，強みに目を向けていくことが支援策を考えるうえでも重要となる。

(6)　アセスメントを1回限りではなく，定期的に行なうべき理由は，支援効果の検証と適切な修正のためと考えられる。たとえばアセスメントを行ない，支援目標を立て，その後支援計画や方法を策定して支援を実施したとする。このとき，再びアセスメントを行なわなければ，支援が正しい方向に行なわれたか，効果が得られているかどうかを判断することができない。アセスメント結果によっては，同じ支援を続けることも必要だろうし，変化するニーズに対応して支援目標や方法を変更したり追加したりすることも必要であろう。このようにアセスメントと支援を定期的に繰り返していくことが，エビデンス・ベイスト・プラクティスとして求められていると言える。

PART 4

自閉スペクトラム症(ASD)の理解と支援の基本を学ぶ

臨床心理職の実践においてますます重要となっている自閉スペクトラム症(ASD)の支援方法について,ASD本人への心理的支援とASDの子どもを育てる親への支援を解説します。

講義

黒田 美保
帝京大学文学部 教授

はじめに：講義の概略

1. ASDの理解と支援が求められる理由

PART 4では，自閉スペクトラム症（以下ASD）の理解と支援についてお伝えしていきます。まず，今なぜASDの理解と支援が必要とされるのかを，確認していきましょう。

まず教育現場において，発達障害の子どもが注目されるようになりました。特に近年，通常学級において高機能[01]と呼ばれるASDの子どもが多いことが明らかになっています。

また，成人期に入ってからASDの診断を受ける方も増加しています。このように，子どもから大人までASDと診断される方が増加しているのです。

またASDは，症状自体に有効な薬物療法がありません。代わりに心理学的なアプローチが有効と考えられています。このようなことから，心理職としてASDの子どもや成人を支援する可能性はとても大きくなっています。そのためASDの支援は，心理職として力を発揮できる分野ではないかと思われます。

以上のことから，心理職はASDの理解と支援を学ぶ必要があると言えるでしょう。

2. 従来のASDの心理的支援の問題点

次に，これまでのASDへの心理的支援の問題点を考えます。

問題点の一つとして，従来の遊戯療法[02]や来談者中心療法[03]による混乱があります。

定型発達　　　　　　　　ASD

従来のアプローチは、ASDの場合混乱させてしまうことがある

講義メモ

01 高機能　知的能力障害を伴わないASDを，高機能と呼ぶ。定型発達より高機能という意味ではない点に注意。

02 遊戯療法　プレイセラピーとも呼ばれる。子どもが安全に遊びに没頭できるプレイルーム（遊戯療法室）でセラピストと遊ぶことで，子どもは遊びを通じた感情表現が可能となり，子どもの自己像が肯定的に変容していくことが期待されている。

03 来談者中心療法　クライエント中心療法，非指示的療法とも呼ばれる。カウンセラーが受容的で安心できる雰囲気を作ることで，クライエントの自己治癒力を引き出すことを狙いとする。なお，来談者中心療法的な視点で遊戯療法を行なう，児童中心療法と呼ばれるアプローチも存在する。

遊戯療法や来談者中心療法を，ASD の認知特性を考慮せずに用いることで，逆に ASD の方を混乱させてしまう場合があります。ASD には独特の認知特性があるため，その認知特性に合わせた心理支援を考える必要があるでしょう。

また，行動が起こってから対処しようとするとどうしても後手に回ってしまうため，行動を予測する意味でも ASD の認知特性を知っておくことは，非常に重要です。つまり心理職は，ASD の認知特性を知ったうえで，その認知特性に合わせた心理支援を行なうことが求められます。よって本講義では，ASD の認知特性とそれに合わせた心理支援を中心にお伝えしていきます。

また，ASD に特化したアセスメント [04] が今まで行なわれていなかったという経緯もあります。この原因の一つには，ASD に特化したアセスメントツールが日本で揃っていなかったということがあります。現在は ASD に特化したアセスメントツールがかなり揃ってきたため，ASD 特有の行動特性や認知特性を把握して，それに基づいて心理支援を行なうことができるようになりました。欧米で主流となっている**エビデンス・ベイスト・プラクティス**とは，アセスメント結果に基づいて個別の行動特性・認知特性を把握し，それぞれに根拠のある支援を行なうことです。日本でも，ASD に対するエビデンス・ベイスト・プラクティスは必要とされており，またこういった支援が可能な時代を迎えている，と言えるでしょう。

3. ASD を理解し，支援するために必要なこと

では，ASD を理解し支援するためには，何が必要でしょうか。

まず，ASD の行動の特徴や認知の特徴を知ることが必要です。ASD のもののとらえ方や考え方を知ることで，ASD の行動を予測することができ，有効な支援を行なうことができるからです。また，ASD の行動や認知の特徴は固定的ではなく，発達の中で変化するものなので，発達段階に応じた ASD の特徴をとらえていくという視点も大切です。そして，ASD の認知の特徴をふまえてアセスメントを解釈し，そのアセスメント結果をふまえた支援を考えることも必要です。

4. 本講義で伝えたいこと

遊戯療法や来談者中心療法を実践してきた心理職の方は，ASD を支援するための発想の転換が求められるでしょう。ASD の認知特性は定型発達の認知特性と異なるため，ASD の認知特性を学んでいただき，定型発達とは異なるアプローチをしていただきたいと思います。

これから ASD の支援をすることになる，現在心理職を目指している方々は，本講義で ASD の基礎知識だけでなく，ASD の認知の特徴や ASD への基本的な支援方法を学んでいただければと思います。

宮川 純（河合塾 KALS 講師）

---

04 ASD に特化したアセスメント　ASD に特化したアセスメントの詳細は，PART 3 を参照。

ASDの理解と支援に役立つ基礎知識

1 通常学級の中の発達障害

本章では，ASDの理解と支援に役立つ基礎知識[01]をお伝えしていきます。まず，図1-1をご覧ください。

図1-1は，文部科学省による「通常の学級に在籍する，発達障害の可能性のある特別な教育的支援を必要とする児童生徒」に関する調査結果をまとめたものです。この調査は2002年に行なわれ，通常学級に発達障害の可能性がある児童生徒が6.3％いることがわかりました。この結果を受けて，2007年より正式に特別支援教育[02]が始まりました。また，2012年にもほぼ同じ調査が行なわれており，通常学級に発達障害の可能性がある児童生徒は6.5％いることがわかっています。ただしこの数字は，医師の診断に基づくものではなく，教師がクラスの子どもの行動特徴を判断してチェックリストをつけた結果です。とはいえ，臨床的な疫学調査による

 講義メモ

01 ASDの基礎知識 本章の内容は，PART1やPART3で紹介してきた内容と重複する部分がある。だが，適切な基礎知識無くしては，適切な理解と支援を考えることはできないため，特に重要となる部分は，あえて重複させたことをあらかじめご理解いただきたい。

02 特別支援教育 発達障害児や，視覚・聴覚などの障害をもつ者に対し，学習・生活上の困難を克服し自立を図るために，一人ひとりの状況に合わせて行なわれる教育のこと。以前の特殊学級からの変化は，発達障害児も対象とするよう明記された点にある。

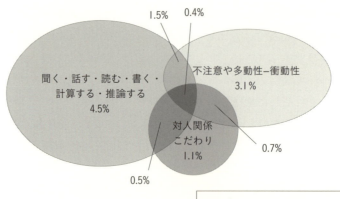

図1-1　知的発達に遅れはないものの学習面，各行動面で著しい困難を示すとされた児童生徒の割合

（出典：文部科学省による通常の学級に在籍する発達障害の可能性のある特別な教育的支援を必要とする児童生徒に関する調査結果 http://www.mext.go.jp/a_menu/shotou/tokubetu/material/__icsFiles/afieldfile/2012/12/10/1328729_01.pdf　表2・表3より作成）

発生率ともほぼ合致しているため、信頼できるデータであると思われます。

また、図 1-1 の「対人関係・こだわり」が約 1.1％で、この割合が ASD に該当します。この値も、後から紹介する疫学調査による発生率と非常に近い値です。このように ASD は、どの学級にも在籍している可能性があり、決して稀な障害ではないことがわかります。

2 発達障害の概念とその変化

発達障害の概念とその変化を見ていきましょう。

発達障害の概念は比較的新しい概念です。1960 年代頃、精神的な発達への関心とともに子どもの心と行動の障害を整理しようとする機運が起こるまでは、子どもに特化して精神的な障害を考えるということがほとんどありませんでした。

1980 年代になり、ICD[03] や DSM[04] で発達期のほとんどの行動の障害がカバーされました。ただし 2013 年に DSM-5 が登場するまでは、発達障害という概念ではなく「通常、幼児期、小児期、または青年期に初めて診断される障害」という扱いになっていました。DSM-5 になって、初めて**神経発達症群**という名称で発達障害に関するカテゴリーが登場しました。そういう点で DSM-5 は、発達障害にとって大きく画期的な変化をもたらしたと思われます。

　講義メモ

03 ICD　世界保健機構（WHO）による「国際疾病分類（International Classification of Disease：ICD）」。ICD は精神障害だけを対象にした分類ではなく、全般的な疾病・障害を分類している。

04 DSM　アメリカ精神医学会が発表した、精神疾患の分類と診断マニュアル。最新版である DSM-5 は、自閉症やアスペルガー障害などをまとめて自閉スペクトラム症と呼ぶなど、多くの変更がなされ、注目を集めた。

ポイント1　発達障害の概念とその変化

- 発達障害の概念の成立：
    1960 年代の精神的発達への関心とともに、子どもの心と行動の障害を整理しようとする機運が起こった。
- DSM-III（アメリカ精神医学会、1980 年）、ICD-9（国際疾病分類基準 9 版、1987 年）において発達期のほとんどの行動障害がカバーされた
- DSM-5（アメリカ精神医学会、2013 年）
    神経発達症群／神経発達障害群の枠組みが登場した。←通常、幼児期、小児期、または青年期に初めて診断される障害

次に、発達障害という概念が、どのように変化してきたのかを確認しましょう。

発達障害の古典的な概念では、症状が固定的で、あまり変化しないものと考えられていました。「何らかの能力が欠落している」という能力の障

害として，主に精神遅滞や身体障害と同様の考え方で理解されてきました。

発達障害の新しい概念では，症状を流動的なものとしてとらえます。つまり同じ発達障害であっても，環境や支援によって，症状が変わっていく流動性をもつものとしてとらえられているのです。ASDに関しても，細かくカテゴリーに分けるのではなく，スペクトラム[05]として症状が連続的につながっていると考えます。また新しい概念では，知的能力障害のない発達障害[06]も考えられるようになっています。さらに，発達障害と他の精神疾患の併存についても，新しい概念の中では取り入れられています。

> **講義メモ**
>
> **05 スペクトラム**　「連続体」という意味。健常者も発達障害も，境界線のない一連の連続体であるという考え方。詳しくはPART1「4 自閉スペクトラム症」を参照。
>
> **06 知的能力障害のない発達障害**　我が国の子どもの障害に対する公的な支援は1960（昭和35）年施行の知的障害者福祉法から始まっているため，子どもの支援を検討する前提として，知的障害の有無を確認することが多かった。

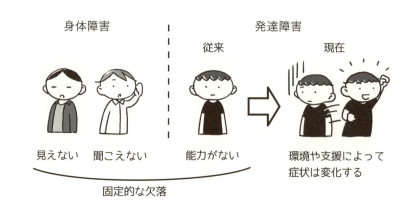

3　ASDの診断基準の変化：カテゴリーからスペクトラムへ

次に，ASDの診断基準の変化について，DSM-IV-TR（APA, 2000 高橋・大野・染矢訳 2004）からDSM-5（APA, 2013 日本精神神経学会監修 2014）になってどのように変化したかをお伝えします。

大きな変化は，カテゴリーからスペクトラムに変わったという点です。DSM-IV-TRまでは，広汎性発達障害と呼ばれていた中に自閉性障害やアスペルガー障害[07]などの下位カテゴリーがありました。DSM-5からは自閉スペクトラム症（ASD）として統合され，症状は連続するというスペクトラム概念になり，下位分類は廃止されました。ASDの症状が重度な方から軽度な方，そしてBAP[08]と呼ばれるASDの症状はもっているけど診断がおりるほどではない方，そして定型発達の方まで，ASDの特徴は連続体としてつながっているという考え方です（図1-2）。またDSM-5では，支援の度合いによる重症度の分類が新設されていることも変更点と言えます。

ASDの診断基準の変更[09]をまとめたものが図1-3です。簡潔にまとめ

> **講義メモ**
>
> **07 アスペルガー障害**　症状は自閉症によく似ているが，言語能力や知的能力が比較的高い子どもたちは，DSM-IV-TRまでアスペルガー障害と呼ばれていた。
>
> **08 BAP**　ASDの診断基準を満たさないが，ASDの行動特徴をもつような，定型発達とASDの中間領域にいる人たちを，「自閉症発現型（BAP: Broader Autism Phenotype）」と呼ぶ。
>
> **09 ASDの診断基準の変更**　DSM-IVからDSM-5への変更に関する詳細は，PART1「4 自閉スペクトラム症」を参照。

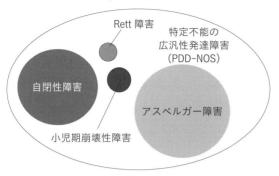

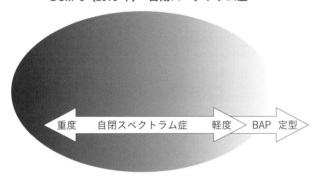

図 1-2　ASD の診断基準の変化（黒田，2014）

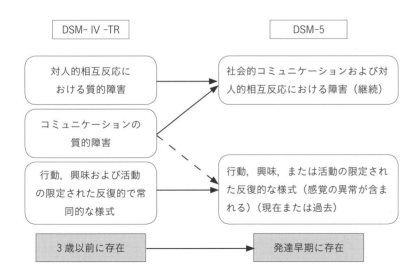

図 1-3　ASD の診断基準の変更

ると，DSM-5では，対人的相互反応における質的障害とコミュニケーションの質的障害が1つになり，こだわりに関する領域がそのまま残っているということになります。また，3歳以前に存在という項目が発達早期に存在という項目になり，年齢の幅をもったかたちになります。細かいところでは，コミュニケーションで繰り返しが多い，同じ質問を何度もするなどの項目は，こだわりの領域へと変更されています。

4 ASDの概念の広がり

ASDの概念がカテゴリーからスペクトラムに変わることで，定型までつながるようにASDを考えるようになりました。

図1-4の中央の円である，明確な3つの主兆候[10]をもつ人たちを自閉症と呼んだことが概念の始まり[11]です。自閉症の円から1つ外側の円が，3つの主兆候の特徴がいくらかあるがその特徴がさまざまである人たちです。アスペルガー障害などがこの領域に含まれます。そしてそのさらに外側に，自閉症の広域表現型，通称BAPと呼ばれる人たちがいます。BAPは，ASDと素質を共有しているものの，実際の困難がさほど目立たず，ASDと診断されるほどではない人たちのことを指します。

このように，ASDの概念が広がっています。そして，ASDの症状は環境や支援によって非常に流動的なので，BAPであっても，支援や環境が適切ではないと困難が大きくなってしまうことがあります。逆に流動的であるがゆえに，ASDであっても，環境や支援によって困難を小さくすることが可能です。

講義メモ

10 3つの主兆候 ウィングの「三つ組」と呼ばれ，DSM-IV-TRまでの診断基準のもとになっていた考え方のこと。

11 概念の始まり カナー（Kanner, L.）が3つの主兆候を明確にもつ子どもたちを「自閉症」と呼んだことが，自閉症概念の始まりである。そのため，3つの主兆候を明確にもつ子どものことを「カナータイプ」と呼ぶこともある。

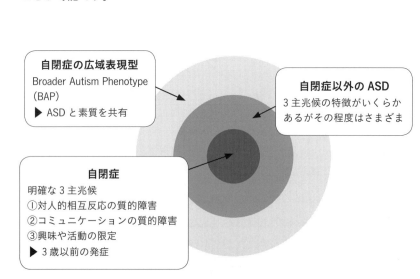

図1-4　ASDの概念の広がり

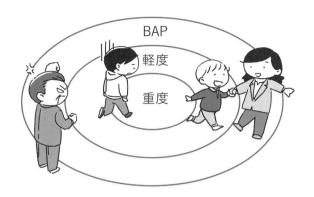

ASDの症状は、環境や支援によって非常に流動的

5 ASDの発生率の変化

次に，ASDの発生率の変化を見てみます。

1979年のイギリスの疫学調査によると自閉症は0.05%で，重篤かつ稀な障害でした。ただし，図1-4の最も中核的な円に相当する，最も重度の自閉症だけを考えていたので，その割合は現在と直接的な比較はできません。

近年の研究では，ASDの発生率は約1%〜2%で，特に韓国で研究されたものは2.6%と非常に高い割合になっています。そのため，ASDは稀な障害ではなく，よくある障害と言えます。

30年前
重篤な病態で，稀な障害
● 自閉症 0.05%（英国 Wing & Gould, 1979）

現在
よくある障害…自閉症，アスペルガー症候群などさまざまなタイプ
● 自閉スペクトラム症（autism spectrum disorder: ASD）
100人に約1〜2人
1.16%　9〜10歳児（英国　Baird et al., 2006）
1.81%　5歳未満（日本　Kawamura, Takahashi, & Ishi, 2008）
2.63%　7〜12歳（韓国　Kim et al., 2011）
0.98%　16歳以上（英国　Brugha et al., 2011）

増加の理由
・診断基準の変更
・ASDに対する専門家の認識の高まり
・環境の変化により実際に増えている可能性

図1-5　ASDの発生率の変化

ASD の発生率が増加した理由は，診断基準の変更だけでなく，ASD に関する専門家の認識が高まったことで，以前ならば診断がつかなかった人に診断がつくようになったことがあげられます。あとは，環境の変化によって実際に ASD が増えている可能性もありますが，これは日本もアメリカも，現在調査中です（図 1-5）。

6　成人期の診断の増加

成人期の ASD 診断の増加も，ASD の発生率が増加している原因の一つです。特に高機能 ASD の場合，幼児期や児童期に障害を同定されず，気づかれないまま支援を受けずに成長して，思春期・成人期にうつ病や不安症などの精神疾患を併発し，その治療過程で，実は ASD であったと診断されることが多いようです。

ASD の発生率の増加は日本だけでなく，世界的に同じ傾向が見られ，幼児期に発見される ASD も増えていますが，同時に成人期の診断も増加しています。

7　ASD の性差と危険因子

次に，ASD の性差と危険因子について紹介します。

まず性差については，知的能力障害を併発する ASD では男女比が 4 対 1 と言われていましたが，もともと診断基準が男性の症状に合わせていたのではないかという指摘があり，診断基準の見直しが必要と言われています。最近では性差は 2 対 1 ぐらいだとも言われています。

ポイント2　ASD の 性 差 と 危 険 因 子（Lai, Lombardo, & Baron-Cohen, 2014）

性差がある：知的障害を併存する ASD では
　▶男性：女性＝ 4：1 ⇒ 2：1（比率が変化する可能性）

危険因子
　・遺伝要因：両親の生殖年齢，生殖細胞の突然変異（特に父親）
　・妊娠要因：合併症，化学物質への曝露，周産期・新生児期の要因
　・ワクチン接種のリスクについてはエビデンスなし

危険因子としては，まず遺伝要因で両親の生殖年齢，生殖細胞の突然変異，妊娠期の要因などがあげられます。また，合併症や化学物質への曝露[12]，周産期・新生児期の要因などがあげられます。以前，ワクチン内の水銀が影響しているという論文が出たこともありましたが，現在ではそのリスクは完全に否定されています。

講義メモ

[12] 曝露　ばくろ。刺激にさらされること。

8　ASDの併存疾患

次に，ASDの併存疾患についてお伝えします。

ASDと他の発達障害の併存は非常に多く，さまざまな研究を総合すると，知的能力障害を併存する人は45％ほどにのぼります。また，ADHDもASDと高率で併存することがわかっています。DSM-IV-TRまではASDとADHDの診断を併記することはできませんでしたが，DSM-5から併記できるようになりましたが，これは非常に有意義な変更です。他には，チックやトゥレット，発達性協調運動障害といった運動異常などが併存疾患としてあげられます。

身体疾患としては，てんかん[13]が多いです。特に知的能力障害を併存する人に多く，好発年齢は幼児期と思春期の二峰性があることもわかって

講義メモ

[13] てんかん　脳の異常な神経活動により，意識を失う，けいれんするなど身体の異常が起こること。

表1-1　ASDの併存疾患（Lai et al., 2014）

発達	身体
・MR：～45％ ・ADHD：28～44％ ・チック：14～38％ ・トゥレット：～6.5％ ・運動異常 ≦ 79％（運動遅滞，筋緊張低下，協調運動障害など）	・てんかん：8～30％（MRで多い。好発年齢は児童期早期と思春期の二峰性） ・胃腸障害：9～70％ ・免疫異常 ≦ 38％ ・遺伝子症候群：～5％（脆弱性X症候群：21～50％，結節硬化症：24～60％，ダウン症候群：5～39％）
精神	人格
・不安障害：46～56％（高機能で多い） ・抑うつ：12～70％（成人で多い） ・強迫性障害：7～24％ ・精神病性障害：12～17％ ・摂食障害：4～5％	・妄想性：0～19％ ・シゾイド：21～26％ ・統合失調症：2～13％ ・双極性障害：0～9％ ・回避性：13～25％
	行動
	・攻撃 ≦ 68％，自傷 ≦ 50％ ・異食症：～36％ ・自殺企図：11～14％

PART 4 自閉スペクトラム症（ASD）の理解と支援の基本を学ぶ

講義メモ

14 脆弱性 X 症候群 PART 1 「4 自閉スペクトラム症」で紹介されている「フラジャイル X」と同義。

15 結節硬化症 遺伝性疾患の一つで，脳，腎臓，肺，皮膚，心臓などに腫瘍が出る難病。

16 ダウン症候群 遺伝子疾患の一つで，身体発達の遅延や，吊り上った小さい目に代表される特徴的な顔つきが主な特徴。

います。また，日本ではあまり聞きませんが，胃腸障害をもつ人も多いと報告されています。さらに，免疫異常や，脆弱性 X 症候群[14]，結節硬化症[15]，ダウン症候群[16]のような遺伝子症候群を併存する人もいます。

　他にも，さまざまな併存疾患の可能性があります。特に行動面の問題として，攻撃性の高さと自傷の多さが特徴的です。また，異食症のようにチョークなどの食べられないものを食べてしまうことや，自殺企図などの行動の問題も併存します（表 1-1）。

　以上が ASD の理解と援助に関する基礎知識となります。次章では，ASD の行動の特徴についてより詳しく説明します。

まとめ

・ASD はどの学級にも在籍している可能性があり，決して稀な障害ではない。また成人期になってからの診断も増加している。

・ASD は，環境や支援によって症状が変化する，流動性をもつものとしてとらえられている。この流動性に関する概念が「スペクトラム」である。

# ASDの行動の特徴

 社会的コミュニケーションおよび対人的相互反応における障害の社会的コミュニケーションの障害

本章では，ASDの行動特徴をご紹介します。

まずは，DSM-5のASD診断基準の1つめ「社会的コミュニケーションおよび対人的相互反応における障害」の「社会的コミュニケーションの障害」について見ていきましょう。

> **ポイント1　社会的コミュニケーションの障害**
>
> ・言語表出の問題
>   （幼児期：遅れ，オウム返し，独特の抑揚，主客の逆転，妙に大人びた言い回し　等，児童〜成人期：新作言語，独特の抑揚，衒学的　等）
> ・言語理解の問題：話しているのに理解していない，字義通りの解釈（お口にチャックなどの比喩がわからない），言外の意味がわからない，抽象概念理解の困難　等
> ・非言語性コミュニケーションの表出および理解に関する問題：アイコンタクト，表情，ジェスチャーなどの乏しさあるいは大げささ，理解の困難さ　等

まず，**言語表出の問題**があげられます。特に，幼児期に言語表出が遅れる人が多いです。ASDであることが成人期に明らかになった人も，幼児期のことを聞くと，言語表出がゆっくりだった人が多いようです。この他にも幼児期には，オウム返しや独特の抑揚，主客の逆転などが起こります。主客の逆転とは，たとえば家に帰ってきた人は「ただいま」，家にいる人は「おかえり」と言いますが，自分が帰ってきているのにドアを開けながら「おかえり」と言うことなどがあげられます。「もらう」と「あげる」が逆になり，コップを持ちながら「あげる」と言ってジュースを要求する

ことなども主客が逆転する一例です。幼児期の言語表出の他の特徴として，幼児なのに妙に大人びた言い回しをすることもあげられます。

児童期・青年期の言語表出の特徴としては，新作言語があげられます。たとえば「相撲取り」「関取」と言いたいが，その言葉がうまく出てこない場合に，「すもう人」という言葉を勝手に作ってしまうことなどが新作言語の例としてあげられます。あとは独特の抑揚があったり，衒学的[01]だったりします。衒学的とは，言葉が学者的で，精密であるがゆえに回りくどくなってしまうことを指します。

次に**言語理解の問題**です。話しているのに理解していなかったり，難しい言葉を使っているのに，実際にはその使っている言葉の意味を理解していなかったりすることが例としてあげられます。また，字義通りの解釈をしやすいので「お口にチャック」「真っ直ぐおうちに帰りなさい」という比喩が伝わりにくかったりします。親しみをこめて「おバカさんね」というと，バカにされたと思ってしまうのも，字義通りの解釈をしてしまうためです。また，抽象概念の理解の難しさも言語理解の問題の一つです。たとえば「貿易」や「平和」など，実物を見ることができない概念の学習が中心となる小学校4年生ぐらいから，学業の困難がより目立ってきます。

次に**非言語性コミュニケーションの表出および理解に関する問題**です。この点はアイコンタクトや表情，ジェスチャーの乏しさなどが例としてあげられます。ただ逆に，大げさな人もいます。たとえば，大人になってアイコンタクトについて「目を合わせなければ」と意識しすぎて，凝視するように相手を見てしまう人がいます。また，アニメーションで覚えたと思われるような派手なアクションで，ジェスチャーをしてしまう人もいます。

また，相手にジェスチャーやアイコンタクトをされても，理解することが難しい人もいます。ASDの子どもに目配せをしても理解してもらえなかったり，「おいで」という意味のジェスチャーをしても来なかったりと，ジェスチャーやアイコンタクトに対する理解の困難さが見られます。

講義メモ

01 衒学的（げんがくてき）知識をひけらかすさまを表す。

2　社会的コミュニケーションおよび対人的相互反応における障害の対人的相互反応の障害

次に，ASDの対人的相互反応の障害についてお伝えします。

まずは，**興味関心の共有が少ない**ということがあげられます。興味があるものを見せに来ない，指さしたほうを見ない，指さしで伝えないといった，共同注意が見られないことが幼児期のASDの行動特徴です。

児童・成人期になると，他人の興味に合わせられない，他人が何を考えているかに興味がない，などの特徴があげられます。

ポイント2　対人的相互反応の障害

- 興味関心の共有が少ない
  (幼児期：興味のあるものを見せに来ない，指さしたほうを見ない，指さしで伝えない，児童〜成人期：他者の興味に合わせられない)
- 相手の心を読み取る力が弱い
  (幼児期：大人を見て確認しない，視線が合わない，児童〜成人期：相手の意図を誤解してしまう)
- 暗黙の了解の理解が弱い
  (幼児期：衝立があってものぞき込む，児童〜成人期：場違いな話題をする，校則などのルールは遵守する)
- 他者との接し方（距離感）が疎遠もしくは密
  (幼児期：知らない人にも平気で話しかけたり・挨拶する，児童〜成人期：そう親しくない人に身の上話，実際に距離が近い)

また，**相手の心を読み取る力が弱い**ことも特徴です。これは次章のASDの認知でも紹介しますが，ASDの子どもは相手の心を読み取る力が弱いので，大人を見て確認する「社会的参照」[02]と言われるものがあまり見られません。また，視線が合わないことも，相手の心を読み取る力の弱さと関連しています。定型発達の場合，視線を見て「この人はいま喜んでいるな」など，相手の心を理解しようとするのですが，それを理解することが難しいため，結局視線を見なくなってしまいます。また，児童・成人期になると，相手の意図を誤解してしまうこともよく見られます。

他には，**暗黙の了解の理解が弱い**点が特徴としてあげられます。たとえば，幼児期の子どもでも「衝立の奥を勝手にのぞき込んではいけない」と"何となく"わかる子が多いのですが，その"何となく"がわからないために，衝立の奥をのぞき込んでしまいます。児童期・成人期の場合，雰囲気と違う場違いな話題をしてしまうことが暗黙の了解の理解が弱い例としてあげられます。また，暗黙の了解がわからない反面，明確なルールはきちんと守ろうとします。たとえば「掃除の時間に少しぐらいなら雑談をしてもいい」という暗黙の了解があっても，「掃除の時間は掃除すべきだ」というルールを厳守しようとするため，他の生徒が掃除をしていない様子を先生に訴えて，かえってトラブルになったりします。このように，暗黙の了解を理解することが難しいためにトラブルが起こったり，明確なルールを守りすぎるためにトラブルが起こったりします。

また，**他人との接し方，距離感が疎遠もしくは密**なところがあります。

講義メモ

02 社会的参照　行動の適切さの判断が難しい場面において，周囲の大人の顔色を見て，行動の適切さを確認すること。

幼児期の場合，知らない人にも平気で話しかけたり挨拶したりします。児童期・成人期では，親しくない人に身の上話をしたり，相手と話すときの距離を近づけすぎてしまったりする人がいます。

限定した興味と反復行動

次に，限定した興味と反復行動に関するASDの行動特徴です。

> **ポイント3　限定した興味と反復行動**
>
> - 新しいことや変化を怖がる
>   （幼児期：初めての食べ物には手をつけたがらない，母親が髪型を変えると怖がる，家具の位置を変えると元に戻そうとする，児童〜成人期：新しいこと変化があると落ち着かない，予定が変わると混乱する　等）
> - 自分なりのやり方や手順を変えられない
>   （幼児期：食べる順序や道順が決まっている，児童〜成人期：臨機応変，応用，汎化する力が弱い，完璧主義　等）
> - 切り替えが苦手
>   （幼児期：一度ぐずるとなかなか気分が変わらない，児童〜成人期：気分の落ち込みが長引く，「こうあるべき」「○○すべき」思考等）
> - 独特な身体の使い方：ぴょんぴょん跳ぶ，手をひらひらさせる，ロッキング
> - 細部に目がいきやすく，全体把握が苦手
>   （幼児期：車の玩具の車輪を回して遊ぶ，児童〜成人期：仕事の全体をとらえて計画を立てることができない，等）
> - 感覚刺激に対する過敏さまたは鈍感さ，または感覚側面に対する並外れた興味：合唱の声を嫌がる，くるくる回るものに見入る

まず，**新しいことや変化を怖がる**ことが行動特徴としてあげられます。幼児期では，初めての食べ物に手をつけたがらなかったり，母親が髪型を変えたりメガネをかけたりすると怖がる子どももいます。また，家具の位置を変えると元の位置に戻そうとします。児童期・成人期になると，新しいことや変化があると落ち着きません。実際にパニックになるわけではないのですが，何となく落ち着きがない様子が見られます。また，予定が変わると混乱するということもあります。

また，**自分なりのやり方や手順を変えられない**のも特徴の一つです。幼児期では，食べる順序や道順が決まっていること，児童期・成人期では，臨機応変に対応することや，応用・汎化[03]の難しさがあげられます。また，完璧主義があらわれることもあります。

　さらに，**切り替えが苦手**という特徴もあります。幼児期の場合，一度ぐずると，なかなか気分が切り替わりません。児童期・成人期になると，気分が落ち込むと長引き，それが抑うつへとつながることもあります。また，柔軟に思考を切り替えることが難しく「こうあるべき」「こうすべき」という思考になりがちです。

　独特な身体の使い方も特徴の一つです。ぴょんぴょん跳んだり，手をひらひらさせたり，ロッキング[04]という身体を揺らすような行動も見られたりします。

　また，**細部に目が行きやすく，全体把握が苦手**という特徴があります。幼児期の場合，車の玩具の車輪だけを回して遊ぶなど，部分に焦点化してしまいがちです。児童期・成人期になると，全体をとらえて計画を立てることができない，ということが目立ってきます。

　あとは，**感覚刺激に対する過敏さや鈍感さ，感覚側面に対する並外れた興味**という特徴があります。DSM-IV-TR までは，感覚面が診断基準に入っていなかったのですが，DSM-5 からは感覚に対する過敏さや鈍感さ，感覚に対する興味も ASD の診断基準に含まれています。

　以上が ASD の主な行動特徴です。

講義メモ

03 汎化（はんか）ある特定の刺激に対する反応が，類似した別の刺激に対しても生じること。般化ともいう。

講義メモ

04 ロッキング　PART 3「1 ASD の各ライフステージにおける行動特徴」を参照。

まとめ

- 社会的コミュニケーションの「コミュニケーションの障害」として，言語の表出と理解，非言語性コミュニケーションの表出と理解の問題があげられる。
- 社会的コミュニケーションの「社会性の障害」として，興味関心の共有の少なさ，相手の心を読み取る力や，暗黙の了解の理解の弱さ，他者との適切な距離感に対する困難があげられる。
- 限定した興味と反復行動として，新しいことや変化への恐れ，手順や思考の切り替えの困難さがあげられる。

3 ASDの認知の特徴

1 ASDを理解するための3つのレベル

まず，図3-1をご覧ください。この図は，イギリスのハッペ（Happé, 1994）という研究者が提唱した，ASDを理解するための3つのレベルです。

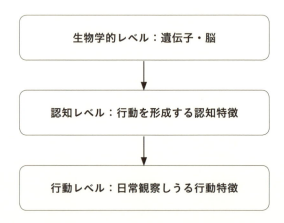

図3-1 ASDを理解するための3つのレベル（Happé, 1994より作成）

最初のレベルは遺伝子や脳といった生物学的レベルです。それらが，行動を形成する認知特徴である認知レベルに影響します。そしてこの認知特徴が，日常観察しうる行動特徴である行動レベルに影響します。私たちは，日常観察しうる行動特徴である行動レベルを見て支援を判断することが多いですが，その前にASDの行動を形成する認知レベルを知っておくことで，より効果的な支援ができると考えられます。そこで本章では，ASDの認知の特徴について考えていきます。

2 ASD の 3 つの認知仮説

ASD の認知仮説として有名なものに， ポイント 1 にあげる 3 つがあります。1 つめは「心の理論」障害です。心の理論とは，他人が自分とは異なった感情や考えをもつこと，その内容を理解することの本能的能力のことです。定型発達の場合，心の理論に基づいた他者とのかかわりが本能的にできるのですが，ASD の場合はそれを本能的に行なうことが難しいと言われています。2 つめは，中枢性統合の弱さです。中枢性統合の弱さとは，部分に注目しやすく全体を把握することが困難であることを指します。3 つめは，実行機能の障害です。思考の柔軟性や注意セットの転換，企画能力，作業記憶における障害などを指します。

> **ポイント1**　ASD の認知仮説
>
> ・「心の理論」障害：他者が自分とは異なった感情や考えをもつことや，その内容を理解することの本能的能力の障害（Baron-Cohen, Leslie, & Frith, 1985 など）
> ・中枢性統合の弱さ：部分（細部）に注目しやすく全体を把握することを苦手とする特性（Frith, 1989 など）
> ・実行機能障害：思考の柔軟性，注意セットの転換，プランニング，作動記憶における障害（Hill & Bird, 2006; Hill, 2004; Pennington & Ozonoff, 1996; Shallice, Marzocchi, Coser, Del Savio, Meuter, & Rumiati, 2002 など）

ここからは，以上の 3 つのについて，それぞれより詳しく紹介していきます。

3 心の理論

1.　心の理論とは

まずは「心の理論」についてです。心の理論（Theory of Mind）は，心理化（metalizing）と呼ばれることもあります。心の理論に障害があると，相手の気持ちや考えを理解することが難しく，他者と適切な関係を築けない，維持できないという困難が生じます。また，近年注目されるようになったのですが，心の理論に障害がある場合，自分の気持ちにもなかなか気づけないという特徴があるようです。

2. 誤信念課題

　これから「**サリーとアンの課題**」を紹介します。この課題は 1 次の**誤信念課題**とも呼ばれており，この課題に関する論文が 1985 年に出たとき（Baron-Cohen et al., 1985）は，非常に話題になりました。課題は図 3-2 のとおりです。

サリーとアンがいます。サリーは，カゴを持っています。
アンは，箱を持っています。

サリーは，ビー玉を持っています。
サリーは，ビー玉を自分のカゴに入れました。

サリーは，外に散歩に出かけました。

アンは，サリーのビー玉をカゴから取り出すと，
自分の箱に入れました。

さて，サリーが帰ってきました。
サリーは，自分のビー玉で遊びたいと思いました。
サリーがビー玉を探すのは，どこでしょう？

図 3-2　サリーとアンの課題（Baron-Cohen et al., 1985 より作成）

この内容を子どもたちに人形劇で見せます。そして，人形劇を見た子どもたちが，「サリーは，自分のかごを調べる」と答えられるかを調べました。

その結果は，定型発達の場合，ほとんどの子どもが，平均4歳5か月でこの課題に合格しました。しかし，ASDの精神年齢が定型発達とほぼ同じ子どもでも，80％が不合格でした。対照群としてダウン症児もこの実験に参加していましたが，精神年齢がASDよりも低くても，この課題に合格する子どもが多く，86％が合格していました。なお「ビー玉は，本当にどこにありますか？」という質問や「ビー玉は，最初にどこにありましたか？」という質問にはASDの子ども全員が正解しました。

つまりこの結果により「自分はビー玉がどこにあるかはわかっているが，サリーはビー玉がどこにあるかわかっていない」という，他人が自分と異なった考えをもっているという事実を，ASDの子どもが理解していない可能性が示されたのです。

3. 「心の理論」研究の進展

心の理論の研究は，その後，さまざまな方面で進展してきました。

知的能力障害のないASDは，年長になると1次の誤信念課題を通過することが明らかになりました。そこで，視線を見て感情を答える課題や，ドラマ場面を用いた登場人物の感情を答える課題など，より高次な「心の理論」の課題が開発され，研究が進められました。

このような研究の中でASDの「心の理論」の弱さが示されました。また「心の理論」課題を通過できる言語性精神年齢が，定型発達よりASD

ポイント2 「心の理論」研究の進展

- 知的障害のないASDでは，年長になると1次の誤信念課題を通過する → 2次の誤信念課題
- Eyes Task: 視線を見て感情を答える課題（Baron-Cohen, Jolliffe, Mortimore, & Robertson, 1997）
- ドラマなどの場面を用いた高次の「心の理論」の課題
  ▶ mind-reading の DVD を用いた研究（Golan, Baron-Cohen, Hill, & Rutherford, 2007）
  ▶ ドラマの登場人物の感情認知の研究（Golan, Baron-Cohen, & Golan, 2008, Kuroda, Wakabayashi, Uchiyama,Yoshida, Koyama, & Kamio, 2011）
- 「心の理論」課題を通過する言語性精神年齢は，定型発達よりも ASD が高い→言語性知能で「心の理論」課題を解いている（Happé, 1995）

のほうが高年齢であることが明らかになりました。そのことから，ASD は言語性知能で「心の理論」課題を通過しているのではないか，という指摘がなされました。つまり，年長になると ASD でも 1 次の誤信念課題を通過できるようになり，さらに大きくなるとより高次の誤信念課題も通過できるようになるのですが，実はそれは定型発達のように本能的に通過しているのではなく，言語性知能で考えたものである可能性があるのです。この場合，本能的にわかっているわけではないので，思考の負荷がかかっていることになります。

4. 「自己の心の理論」

ASD の自己の感情認知に関する問題も，近年注目されています。

「心の理論」の障害だけでなく「自己の心の理論」にも障害があるのでは，ということが欧米で注目されるようになりました（図 3-3）。ASD は，自分の感情をうまく認知できないために，将来的にうつ病や不安症になったり，社会での適応がいっそう困難になったりするリスクが高いと考えられています。なお，この自己の感情の認知の弱さには，これまで紹介してきた「心の理論」だけでなく，後からお伝えする中枢性統合の弱さや，実行機能の障害も影響していると考えられています。

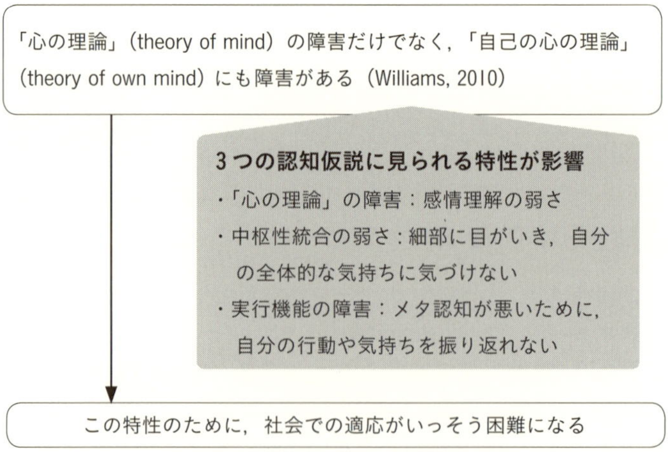

「心の理論」（theory of mind）の障害だけでなく，「自己の心の理論」（theory of own mind）にも障害がある（Williams, 2010）

3 つの認知仮説に見られる特性が影響
・「心の理論」の障害：感情理解の弱さ
・中枢性統合の弱さ：細部に目がいき，自分の全体的な気持ちに気づけない
・実行機能の障害：メタ認知が悪いために，自分の行動や気持ちを振り返れない

この特性のために，社会での適応がいっそう困難になる

図 3-3　ASD の自己の感情認知

5. 支援への示唆

次に「心の理論」障害に対する支援への示唆を考えてみます。

まず「心の理論」の研究は，あくまで実験状況にすぎないという点です。心の理論の研究は，日常から離れ，実験的に統制された環境で示された内容にすぎず，たとえ実験状況で「心の理論」を理解できたとしても，より

複雑な日常の環境で，実験状況と同様に「心の理論」を理解できるとは限りません。このことを念頭に置いて支援をしていくことが必要です。

また先ほどお伝えしたように，「心の理論」課題を通過したとしても，定型発達とは処理の仕方が異なっている可能性があります。別の認知処理を行なっているということは，それだけ処理に精神的な負荷がかかっていることになります。支援においては，このような負荷についても配慮すべきです。そして，自己の感情認知の弱さからくる感情制御の難しさや，他者との相互理解の難しさに配慮しつつ「他者の視点取り」や「他者と自己の思考・感情・行動の関連の理解」を支援していくことが必要とされます。

ポイント3　「心の理論」と支援への示唆

・「心の理論」の研究はあくまでも実験状況である
　▶対人認知能力の一部を反映するのみ
　▶より複雑な日常の環境では，理解が難しい
・「心の理論」課題を通過していても，本能的な「心の理論」の処理は，定型発達と異なっている可能性がある
　▶別な認知処理を行なっているということは，それだけ処理に精神的な負荷がかかる
　▶自己の感情認知の弱さからくる感情制御の難しさ
　▶他者との相互的理解の難しさ

・求められる支援
　①他者の視点取り
　②他者と自己の思考・感情・行動の関連の理解

4　中枢性統合理論

1. 中枢性統合理論とは

次に**中枢性統合理論**と ASD の抱える**中枢性統合の弱さ**（Weak central coherence）についてお伝えしていきます。

中枢性統合理論（Theory of Central Coherence）とは，細部を統合し全体を考慮して，物事を理解する能力のことです。ASD は，この中枢性統合の能力が脆弱であることで，細部に注目しやすく，包括的にものを見ることが難しかったり，全体を把握できないので，興味の狭さやこだわりが見られたりする，と考えられています。

2. 断片化した情報処理スタイル

図3-4をご覧ください。

図3-4　断片化した情報処理スタイル

定型発達の人は，右の写真を全体的にとらえ，状況や人々の意図を読み取れるが，ASDの人は左のように「断片化」して見るために全体的な意味や人の意図がとりづらい。

　定型発達の人が右の写真を見た場合「何かの展示会で，男性と女性が積み木の作品を見ている」と判断することでしょう。しかしASDの人は，右の写真を左の写真のように，バラバラに断片化して認識してしまいます。そのため，全体的な状況や人の意図を読み取ることが難しいと考えられています。

　ただ，中枢性統合の弱さは，ASDの強みでもあります。

　たとえば，**ブロック・デザインテスト**（Block Design Test：積木模様課題, Shah & Frith, 1993）と呼ばれる，いろいろな積木を組み合わせて，指示された図形を作る課題です。この課題において，ASDは定型発達よ

積み木で、左の模様を作る課題

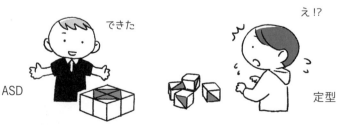

ASDは定型発達よりパフォーマンスが良い

りも成績が良いことが明らかになりました。これは，ASDの「断片化して見る」という特徴が功を奏して，パフォーマンスが良くなると考えられています。実際，図形に区切り線を入れて，あらかじめ細部に分けておくと，定型発達とASDの差がなくなることが報告されています。

つまり，細部を見ることによって好成績になる課題や仕事ならば，ASDの特徴をうまく活かすことで，非常に有能な結果を残すことができるのです。たとえばASDの人は，プログラムのバグを見つけるなど，非常に細かい仕事が得意と言われます。これは中枢性統合の弱さがうまく機能している例と考えられます。

3．支援への示唆

「中枢性統合の弱さ」の支援への示唆を，ポイント4に示します。

> **ポイント4　「中枢性統合の弱さ」の支援への示唆**
>
> ・中枢性統合の弱さ：部分に注目しやすく部分を統合して全体像を把握することが苦手
>   ▶重要でない細部に目がいく：重要点に注目しやすい工夫・全体像を把握できる工夫
>   ▶物事の意味理解を促す
> ・部分の把握には優れており，それがサヴァン的な能力につながるとされる（記憶力の高さ，細かい描写の絵など）

まず全体把握が苦手なので，重要でない部分に目が行きにくいよう，重要な部分に注目しやすい工夫や，全体を把握できる工夫をしていくことが

必要です。

また，部分の把握が優れていることは強みでもありますので，これを活かしていくということが大事です。たとえばASDの人が，すばらしく細かい描写の絵画を描くことがあります。このようなASDがもつ非常に高い能力のことをサヴァン[01]と呼びますが，こういった能力も，中枢性統合の弱さが関連しているかもしれません。

重要な部分に注目しやすい工夫とはどのようなことか，もう少し詳しく紹介します。たとえば，母親がASDの子どもに，どんな先生に会うか教えるため，会う先生の写真を見せたとします。見せた写真は，図3-5①の写真です。

しかし，この写真を見せられたASDの子どもは，先生の顔よりも，本来注目すべきではないエクレアに注目してしまい「今日はエクレアが食べられるのかな」と思ってしまう可能性があります。そこで，②のようにエクレアが見えないよう加工したとします。

②のように加工したとしても，それでも左後ろのほうでパソコンの画面が光っていたり，右後ろのほうでファイルがたくさん並んでいる様子に目が行ったりして，やはり「どんな先生に会うか」に注目できない可能性があります。そこで，③のように顔だけにすると，「今日はA先生に会うよ」という親の意図が，子どもに伝わりやすくなります。

このように中枢性統合の弱さに注目することは，実践における工夫に役立つ考え方につながるので，ぜひ覚えていただき，支援に役立てていただければと思います。

> **講義メモ**
> **01 サヴァン** 発達障害があるにもかかわらず，特定の分野で突出した能力をもっている状態をサヴァン症候群と言う。

  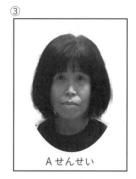

図3-5　重要点への注目の例

5　実行機能の障害

1. 実行機能とは

最後に**実行機能**の障害についてお伝えします。

実行機能とは，意思決定をする能力，企画して実行する能力，効果的に行動する能力などの総称です。ASDはこの実行機能が障害されているために，指示されなければ実行できなかったり，自発性が低く指示待ちと言われたりします。また，企画ができず実行もできなかったり，言いっぱなしで言ったことが実行できなかったりもします。また，**メタ認知**[02]の能力が高くないので，自分の誤りに気がつくことが難しく，気がついても修正困難で，それが二次的な対人関係の問題につながっていくことがあります。

　この実行機能について旅行を例にあげて，より具体化したものがポイント5になります。

> **講義メモ**
> **02 メタ認知**　認知に関する認知のこと。たとえば，暗くて寒い部屋で震えている人が，今の状態を尋ねられ「暗い」とだけ答えた場合，自分が感じている暗さは認識していても（＝メタ認知として存在している）自分が感じている寒さを認識できていない（＝メタ認知として存在していない）可能性がある。

> **ポイント5　実行機能の例「旅行」**
> ・テレビを見ていて，パリに行きたい！と思う
> ・でも考えてみると（抑制）…旅費はあるか？　休暇はとれるか？　フランス語を話せないが大丈夫か【自分を省みる・メタ認知】
> ・プランニング…どこに行くのか？　日程は？　予算は？　泊まるところは？　必要なものは何か？
> ・実行力…航空券の手配，ホテルの手配，休暇届，スーツケースに荷物をつめる，旅行のシュミレーション
> ・旅行へGO！…旅行先で大英博物館も見たくなる
> ・イギリスにも行ってみる【フィードバックと計画変更のプランニング・実行】

　以上のように，私たちの行動は，抑制やメタ認知，企画・実行などのさまざまな機能によって成り立っています。このような実行機能が非常に弱いASDの人たちは，自分で思ったことを企画したり実行したりすることが非常に難しいと言えます。口で「こうしたい」ということを言っても，なかなか実行できず，周囲からは「言ったのにやらない」と批判されてしまいます。こういったことが積み重なって，対人関係の問題に派生することもあるでしょう。このように，実行機能の障害がASDのさまざまな問題に関係してくるのです。

2．実行機能を測るさまざまな課題

　実行機能を測る課題はいろいろあります。
　まず構えの変更や思考の柔軟性を測る課題は，WCSTやトレイル・メイキングテストがあげられます。WCSTはさまざまな色の図形が書かれた図3-6①のような48枚のカードを，色と数と形の3つのカテゴリーに

> **ポイント6** 実行機能を測る課題
>
> - Set shifting（構えの変更）
>   - ▶ Wisconsin Card Sorting Test （WCST）
>   - ▶ Trail Making Test（トレイル・メイキングテスト）
> - Planning（プランニング）
>   - ▶ 迷路
>   - ▶ Tower of Hanoi（ハノイの塔）
> - Working memory（ワーキングメモリー）
>   - ▶ Reading Span Test（リーディング・スパンテスト）
>   - ▶ 数唱・逆唱
> - Inhibition（抑制）
>   - ▶ Stroop Test（ストループテスト）
>   - ▶ Go-No Go Test（ゴー・ノーゴーテスト）
>   - ▶ Priming Test（プライミングテスト）

①WCST

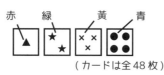

これらのカードを、色または形または数で分類していく

②トレイル・メイキングテスト

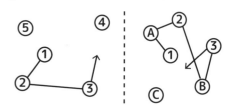

数字の順に、出来るだけ早く線で結ぶ
後半では、数字→アルファベットの順に結ぶ

③ハノイの塔

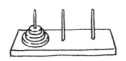

できるだけ少ない手順ですべてのピースを右に移す

④ストループテスト

文字の意味と文字の色が異なる刺激に対する反応を調べる

図3-6　実行機能を測るさまざまな課題

　分類して置いていく課題です。10回続けて正解すると分類するカテゴリーが変更されますが，そのときに思考が柔軟でないと，カテゴリー変更に対応できなくなってしまいます。ASDでは，こういったテストが苦手であ

ることがわかっています。

トレイル・メイキングテストは，用紙に書かれた数字の順に線で結んでいく課題です。図3-6②のように初めは数字だけをつないでいく課題ですが，途中から数字とアルファベットを交えてつないでいく課題になります。すると，ASDのでは対応が難しくなってしまうことがわかっています。

企画能力を測る課題は，**迷路**や**ハノイの塔**（図3-6③）があげられます。ハノイの塔とは，左側の棒に刺さっている3つのピースを，最小限の手順で右側の棒に移す課題で，計画的に実行できるかという企画能力を調べる課題になっています。

ワーキングメモリーを測る課題は，**数唱**[03]や**逆唱**[04]やそして**リーディング・スパンテスト**と言われる，文章の音読と文章に書かれている単語の記憶を同時に行なう課題があります。

抑制を測る課題は，**ストループテスト**（図3-6④）が代表的です。たとえば「赤」という字が青色で書いてある文字を見せたあと，「この字が何色か読んでください」と伝えると「青」と答えなければいけないのに「赤」と読んでしまいがちです。また抑制を測る課題には，**ゴー・ノーゴーテスト**という課題もあります。青いライトがついたときはボタンを押す，黄色いライトがついたらボタンを押さないということを決めて，検査者は青いライトや黄色いライトを無差別に提示していきます。被検査者は，青いライトならボタンを押して，黄色いライトならボタンを押さない，というように「抑制」しなければなりません。

こういった課題を実施することにより，ASDの実行機能の弱さが明らかになってきました。

　講義メモ

03 数唱　提示された数字の列を覚えて，その順番どおりに数字を答えること。

04 逆唱　たとえば数字の逆唱の場合「これから言う数字を逆から言ってください」と教示すること。より作動記憶に負担がかかる課題となる。

3. 支援への示唆

では「実行機能障害」の支援への示唆を考えてみます。

> **ポイント7**　「実行機能障害」の支援への示唆
>
> - 意思決定の難しさへの支援
>   - ▶幼児から，選択をさせるなどからスモールステップで，自分で決定をする経験をさせる
> - プランニングの弱さへの支援
>   - ▶プランニング，優先順位をつけるなどの具体的な支援
>   - ▶切り替えの悪さへの具体的な工夫（スケジュール，タイマーなど）
>   - ▶自分の感情や対人関係を振り返って考えられるようなメタ認知への支援

まず第 1 に，意思決定の難しさに対する支援として，幼児期から自分で選択する経験を積んでおくことがあげられます。また，すでに幼児期を過ぎている人も，意思決定をスモールステップで細分化し，自分で少しずつ意思決定をする経験を積むことが重要です。

次に企画能力の弱さに対する支援です。たとえば，1 日や 1 週間のスケジュールを，誰でも見たり書いたりできるように家に貼っておくことで，行動を企画したり，うまく行動を切り替えたり，物事の優先順位をつけられるようになったりします。行動をうまく切り替えるために，タイマーを使うことも効果的です。

また，メタ認知の悪さから，自己の感情認知の不全や二次的な対人関係の問題が生じます。自分がどんな感情を認知しているか，自分の対人関係はどうなのか，振り返って考えられるような支援が必要です。

6　ASD の認知特性のまとめ

最後に ASD の認知特性をまとめます（表 3-1）。

まず強い面からあげます。ASD は視覚的な理解が非常に優れていると言われています。また「一度覚えたものは忘れない」という長期記憶の面でも優れています。また中枢性統合のところでご紹介したように，「細部に注目してしまいがち」という点は，強い面にもなります。さらに ASD の子どもにとって，手順を学ぶこと，ルールを学ぶこと，暗号解読や語彙記憶などは得意と言われています。

弱い面としては，まず聴覚的理解です。文字になっていれば視覚的な理解も可能ですが，音声のみでは聴覚的情報にすぎないため，理解が悪くなります。また，「他者の感情や考えを理解すること」も得意ではありません。また，細部に過剰に注目してしまうため，無関係なことに気が散った

表 3-1　ASD の認知特性

強い面	弱い面
視覚的理解	聴覚的理解
長期記憶	他者の感情や考えの理解
視覚空間的スキル	細部への過剰な注目
細部に気づく	（無関係なことで気が散る）
手順を学ぶこと	プランニング・順序立て
ルールを学ぶこと	組織化
機械的な読みの力（暗号解読，語彙）	複合した意味の理解 - 包括的な理解

り，全体的な把握ができなかったりします。結果，企画したり順序立てて考えたり，複合した意味を包括的に理解することが難しかったりします。
　このような ASD の認知特性をふまえたうえで，ASD の支援を検討していくことが非常に大切と言えるでしょう。

- ASD の認知特徴として，「心の理論」障害，中枢性統合の弱さ，実行機能の障害があげられる。
- ASD の認知は，視覚面の優位や長期記憶，細部への注目しやすさなど強い面もあるが，聴覚的理解や細部への過剰な反応，企画や順序だてることの困難さなどの弱い面もある。

# ASDの基本的な支援方法

 ASD支援の基本姿勢

本章では，ASDの基本的な支援方法について考えます。

> **ポイント1　ASDの支援のために**
>
> 違いを認め，尊重する
> ▶目標は定型発達になることではない
> ▶ASDと定型発達は，相互に歩み寄ることが重要
> ▶実生活に困らない具体的な工夫をアドバイス
> ▶ヘルプを求めるスキルを身につける，キーパーソンを作る

まずは，ASDの支援における基本姿勢を確認します。支援のために何よりも大事なことは，定型発達とASDの違いを認め，尊重していくことです。目標は，定型発達になるということではありません。前章の最後で触れたように，ASDの認知には弱みだけでなく，強みもあります。そのため，ASDの強みをなくしてしまうような定形発達を目指すことは，必ずしも目標として適切とは言えないのです。

ASDと定型発達は，相互的に歩み寄って社会を作っていくことが重要です。とはいえ左利きの人が，右利きの多いこの世の中で暮らしにくいように，定型発達の方が多いこの世の中では，ASDの方は暮らしにくいことでしょう。ですから，ASDの方が実生活で困らない，具体的な工夫をアドバイスしていくことが大事です。また，心理職がASDとかかわるときには，支持的であるだけでなく，時に指示的であることも大事です（具体的な支援方法は後述します）。

またASDの方が，自分の力だけで社会に適応する力を身につけることは難しいです。そこでASDの方が，自らヘルプを求める力を身につけることが大事になります。そして，いつでも相談できるキーパーソンを作ることです。もし私たち心理職がキーパーソンとなって助言をすることができれば，ASDの方はよりよい支援を受けられることでしょう。

以上が，ASD 支援の基本姿勢です。

2 ASD 支援の種類

次に ASD の支援の種類を考えます。ASD の支援を大きく 5 つに分類すると，図 4-1 のようになります。

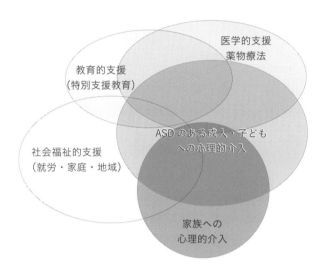

図 4-1　ASD の支援の種類

医学的支援としては主に**薬物療法**が考えられます。**社会的福祉的支援**においては，就労支援や，家庭の支援，地域社会からの支援があります。また，特別支援教育のような**教育的支援**もあります。心理職としては，**ASD のある成人や子どもへの心理的介入**や，**家族への心理的介入**を行なっています。ASD の支援は，主に以上の 5 つです。

とはいえ，教育的支援の中で心理職が活躍している場合もありますし，社会福祉的支援の中で心理職が活躍している場合もあります。ASD の中核的な症状に効く薬物は現在開発されていないことも含め，ASD への支援は，心理職が活躍している領域ではないかと思われます。

3 ASD 支援の過程

次に，ASD 支援の過程についてお伝えします。

まず，**包括的なアセスメント**[01]を実施することが大事です。包括的なアセスメントとは，発達障害の特性だけでなく，知的水準や適応行動の様子や，感覚・運動面の様子，併存疾患などをアセスメントすることです。

 講義メモ

01 包括的なアセスメント　包括的なアセスメントの詳細は PART 3「5　包括的アセスメントを行なうために」を参照。

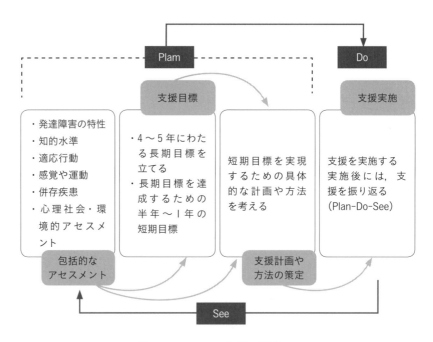

図 4-2　ASD の支援の過程

　そのうえで，ASD の一般的な認知特性と個々のアセスメント結果を考慮して，長期的支援目標を立てます。さらに，長期支援目標を達成するための短期支援目標を立てます。そして，短期支援目標を実現するための具体的な計画や方法を考えます。具体的な計画や方法を実行したら，支援の効果をまたアセスメントし，必要に応じて目標の修正を行ないます。このようにアセスメントと支援，目標と実際が常に循環しながら進んでいくと，よりよい支援ができると思われます（図 4-2）。

4　ASD 支援のための心理学的介入法

　ここからは，支援目標を達成するための具体的な方法についてお伝えしていきます。ASD には心理学的介入法が有効である，ということは先ほど述べましたが，具体的にどのような介入法があるのでしょうか。
　ここでは，**包括型介入法**と**標的スキル獲得型介入法**の 2 つに分類して説明します（表 4-1）。
　包括型の代表例が **TEACCH** です。もともとはノースキャロライナ大学医学部で開発された自閉症プログラムで，**構造化**を行なうことが主な特徴です。また，包括型の例として**応用行動分析**があげられます。この TEACCH で用いられる構造化や，応用行動分析については，後ほど詳し

表 4-1　ASD 支援の心理的介入方法

包括型	標的スキル獲得型
・構造化（TEACCH） ・応用行動分析（ABA）	・Picture Exchange Communication System（PECS） ・ソーシャル・スキル・トレーニング ・認知行動療法：感情制御（不安や怒り） ・Joint Attention, Symbolic Play, Engagement, and Regulation（JASPER） ・Social Thinking ・ペアレント・トレーニング

くお伝えしたいと思います。

　標的スキル獲得型には，まず，カードと対応する物を交換する **PECS** というプログラムがあります。たとえば子どもがバナナのカードを大人に渡すと，大人がバナナをくれるという方法です。これは，言語表出が困難な子どものコミュニケーションスキルの獲得を目的とした，標的スキル獲得型のプログラムと言えます。他には，**ソーシャル・スキル・トレーニング**や**認知行動療法**があげられます。特に ASD は，自己の感情認知の弱さから，不安や怒りのコントロールが非常に苦手な方が多いので，感情制御のために認知行動療法を応用するということが行なわれています。また，共同注意と遊びに注目した早期介入方法の **JASPER** や，**ソーシャル・シンキング**という，他者の視点取りや他者の感情・考えを理解してもらうことで「心の理論」を教えるプログラムもあります。**ペアレント・トレーニング**という，親に子どもへの接し方を学んでもらうプログラムもあります。本章では，標的スキル獲得型について，認知行動療法とペアレント・トレーニングを中心にご紹介したいと思います。

5　構造化

1.　構造化とは

　ではまず，**構造化**について詳しく紹介します。

　構造化とは，簡単に言えば環境を理解しやすく作り直すことです。「ここは○○をする場所」「□□の次に△△をする」というように，環境の意味がわかるように作り直し，意味を共有することです。どこで，何をするのかがわかると，ASD の方は不要な混乱をもつことなく，安心して過ごすことができます。安心した環境ならば，その環境からさまざまなことを学習することができます。最終的には，ASD の方が自分で判断して，自発的に行動することを目標としています。

> **ポイント 2　構造化**
>
> 環境を理解しやすく作り直す
> - ▶環境の「意味」を知らせる。意味を共有する
> - ▶意味がわかることで，不要な混乱をもつことなく，安心して過ごせるようにする
> - ▶その結果，環境からさまざまなことを学習できる
> - ▶自発的に行動することを，育み促進する

2．構造化の必要性

　なぜ構造化（TEACCH）が必要か，という点を掘り下げてみましょう。

　ASD の支援に構造化が必要な理由として，ASD の認知の偏りがあげられます。認知の偏りとは具体的に「心の理論」障害，中枢性統合の弱さ，実行機能障害の 3 つです。この 3 つの認知の偏りを補うための「メガネ」が構造化とお考えください。視力が弱い人でも，メガネをつけるとよく見えるように，認知に偏りのある ASD でも，メガネをつけることで，より適切な認知をすることができるでしょう。

> **ポイント 3　なぜ構造化が必要なのか？**
>
> - ・自閉スペクトラム症は脳の機能障害であり，そこから認知の偏りが生じる
> - ・心の理論障害：相手の意図が読めない
> - ・中枢性統合の弱さ：重要点や意味がわからない，予測が立たない
> - ・実行機能障害：段取りをたてて物事を行えない
>   - ▶ 認知の偏りを補う「メガネ」が構造化

3．構造化の種類と内容

　構造化にはさまざまな種類があります。そこでここからは，構造化の種類と内容についてお伝えしていきます。

> **ポイント4　構造化の種類と内容**
>
> ・物理的構造化：空間と活動を対応させる。空間の意味をわかりやすくする。活動に注意が向くように工夫する。
> ・スケジュール：「いつ」「何をする」「これが終わると何があるのか」といった情報を視覚的に伝える。
> ・ワークシステム：課題の流れを一定にし終わると，フィニッシュボックスに入れるなどの方法で，「何を」「どれだけ」「どのように」やるのか，終わったら何があるのかを視覚的に伝える。
> ・視覚的構造化：視覚的明瞭化・組織化によって，課題や指示の意味を明確にする。

● 物理的構造化

　物理的構造化とは，空間と活動を対応させる構造化です。1つの場所に1つの活動を対応させることで，場所ごとの意味を明確化します。そのため，ASDの子どもが，安心して自分自身で判断し，活動することが可能になります。

　図 4-3 は **物理的構造化** の例です。1つの部屋に2つのエリアが作られています。写真①のエリアは，マットや本などがあるため，ASDの子どもでも「ここで遊べばいいな」と判断しやすいです。写真②のエリアは，大きな机と小さな机があって課題が並んでいるため「ここは先生や親と一緒に，勉強や課題をやるところだ」とわかります。

図 4-3　物理的構造化の例

● スケジュール

　スケジュールは，「いつ」「何をするのか」「後で何があるのか」を視覚的に教え，情報を伝えることです。また **ワークシステム** という，「何をどれくらい」「どれだけやったら終わりなのか」「終わった後で何があるのか」

を視覚的に伝えるための仕組みもあります。ワークシステムでは，作業が終わった製品を入れていくフィニッシュボックスなどが使われます。これらの工夫の多くは，**視覚的構造化**を行なっています。視覚的に理解することがASDの子どもたちは得意なので，その得意なところを活かして，課題や指示の意味を視覚的に理解できるよう，明瞭化・組織化していきます。

図4-4は**スケジュール**の例です。この写真のスケジュールの例は，特に知的能力障害のある子どもに対して，時間の流れを写真で示したスケジュールになっています。このスケジュールにより，ASDの子どもは「今，何をする時間」で「これから，何をするのか」を自分自身で把握しやすくなります。もちろん，文字を使ったスケジュールはありますし，スマートフォンなどでのスケジュール管理も含まれます。

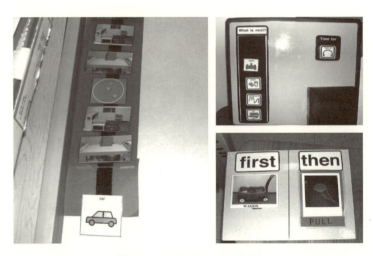

図4-4　スケジュールの例

● ワークシステム

ワークシステムは，課題の流れを示すものです。図4-5 ①の写真の場合，左のカゴの中に課題が並んでおり，課題を1個ずつやって右下の大きな

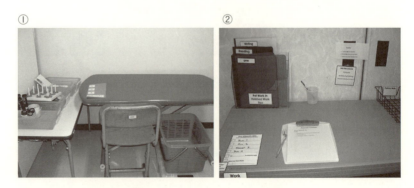

図4-5　ワークシステムの例

カゴに入れる，という仕組みです。このとき，左のカゴを見れば，終わっていない課題の量が，右のカゴを見れば終えた課題の量が具体的にわかり，今後の見通しを考えることができます。②の写真は，左側の奥にある赤や青・緑などの色分けされた課題を順に取り出して，終わったら右側のカゴに入れていくという仕組みです。

● 視覚的構造化

次に，視覚的構造化です。図4-6 ①の写真は，ひも通しの課題について，課題の指示を明確に教えるための視覚的構造化です。②の写真はソーシャルスキルを教えるための視覚的構造化です。「写真がついている人のところに行って握手をする」という指示を，視覚的構造化によって明確にしています。

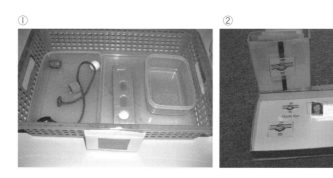

図4-6 視覚的構造化の例

● 感情の理解を支援する

ASDは自己の感情の理解が難しい，ということを前章でお伝えしました。このような自己の感情の理解にも視覚的構造化は活かされています。たとえば感情の温度計などがありますが，図4-7の写真は「The CAT-

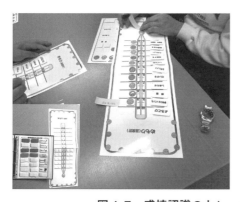

図4-7 感情認識のトレーニングキッド
感情の温度計（The CAT-kit：Cognitive Affective Training）

> **講義メモ**
>
> **02 The-Cat-kit** 日本語版指導キットには次のものがある。トニー・アトウッド他（開発）服巻智子・重松加代子（翻訳）The-Cat-kit フロム・ア・ヴィレッジ

> **講義メモ**
>
> **03 コミック会話** 参考図書として，キャロル・グレイ（著）門眞一郎（訳）(2005)『コミック会話：自閉症など発達障害のある子どものためのコミュニケーション支援法』明石書店，などがある。

kit：Cognitive Affective Training」と呼ばれる感情認識トレーニングのキットで，日本でも販売されています[02]。楽しい感情，不安な感情，怒りの感情などいろいろな感情について，視覚的に学ぶことで感情理解を深めることができます。

● 対人関係やコミュニケーションの理解を支援する

また，対人関係やコミュニケーションも ASD の中核的な障害ですが，この点についても視覚的構造化を用いた支援方法があります。

図 4-8 の写真はコミック会話[03]と呼ばれるものです。コミック会話では，①他者の視点取りの支援，②他者および自己の思考・感情・行動の関連の理解へ支援，③非合理な考えの修正が可能です。

特に ASD は，理由と結果が適切につながっていない非合理な考えをもつことが多いのですが，コミック会話を通じてそれを修正することができます。

たとえば，図 4-8 で紹介している例は，いつも自分が放課後に勉強している教室で，ブラスバンドの子たちがホルンの練習をしたいと言ってきた，という状況です。ここで大切なことは，実際にしゃべっている言葉と考えている内容を，視覚的に書き分けて教えることです。そうすることで，しゃべっている言葉の背景にある相手の考えを理解したり，自分が考えていなかったことを相手が考えていたということを理解したりすることにつながります。

図 4-8　コミック会話

> **講義メモ**
>
> **04 パワーカード** 参考図書として，アイリーサ・ギャニオン他（著）門眞一郎（訳）(2011)『パワーカード：アスペルガー症候群や自閉症の子どもの意欲を高める視覚的支援法』明石書店，などがある。

● 適切な行動やルールを教える

もう少し小さい子どもに対しては，パワーカード[04]（図 4-9）と呼ばれるものを使うことがあります。

たとえば，ゲームに負けた悔しさをうまくコントロールできない子ども

に対して「ゲームは勝つときもあれば，負けるときもあるよ」と説明するよりも「あなたの好きなアニメの主人公も，ゲームに負けたときは悔しいだろうけど，怒ったりしないよ。にっこり微笑んで，次は勝つように頑張るんだ」って言うよと教えると，自分の好きなアニメキャラクターがそうなら，頑張ろうかなと思ったりします。

これは，適切な行動やルールを視覚的に伝える方法の一つになります。

もう少し年齢が高い場合は，ソーシャルストーリーを用いて，①社会的なふるまいを伝える，②非合理な考え（勝たなければ意味がない，「必ず〇〇しなければならない」などの考え）の修正 (Lai, Lombardo, & Baron-Cohen, 2014) を，言語で教えることがあります。

図 4-9　パワーカード

これまで紹介してきた物理的構造化，スケジュール，ワークシステム，視覚的構造化を利用することで，ASD の方たちの日常生活の安心感を育むことができます。そして安心感が高まれば，学習も進んでいきやすくなります。

6　応用行動分析

1．応用行動分析とは

ここからは，包括型の介入法の一つである**応用行動分析**を紹介していきます。

先ほどまで紹介してきた「構造化」が，環境を整えたり，環境を変えたりすることで，自発的な行動を増やす働きかけであることに対し，応用行動分析は，直接的に行動を形成していく働きかけです。具体的には，褒めたり注目したりして社会的報酬を与えることで，好ましい行動の頻度を高める**強化**を行なったり，好ましくない行動を無視したり社会的報酬を与えなかったりして，行動の頻度を低下させる**弱化**や**消去**を行なったりしま

講義メモ

05 スモールステップ 目標行動の達成が困難である場合，社会的報酬を与える機会そのものが少なくなってしまう。そこで目標行動を，達成しやすい短期的な行動に細分化することが必要となる。このことをスモールステップと呼ぶ。短期的な行動を達成するごとに社会的報酬を与えることで，最終的に目標行動を形成することが可能となる。

す。このような行動の形成を，**スモールステップ**[05]で行ないます。最終的には，ASDの方が自発的に行動することを育み，促進することが目的となります。

> **ポイント5　応用行動分析**
>
> 直接の働きかけで行動を形成する
> ▶社会的報酬（褒める，注目するなど）により，好ましい行動の頻度を高める（強化）
> ▶好ましくない行動に社会的報酬を与えず（無視など）頻度を低下させる（弱化・消去）
> ▶スモールステップで行動を形成していく
> ▶自発的に行動することを，育み促進する

2. ABCモデルと行動随伴性

もう少し応用行動分析の詳細をお伝えします。応用行動分析は行動主義心理学の**ABCモデル**に基づいています（図4-10）。

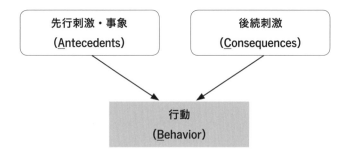

図 4-10　応用行動分析に影響を与えた行動主義心理学のABCモデル

先行刺激によって，行動が生じます。そして，行動の結果として生じた後続刺激によって，行動の頻度が増えたり減ったりします。このことを**行動随伴性**と呼びます。

行動随伴性は図4-11のとおり，**強化**と**弱化**，**消去**に分類されます。

赤ちゃんをあやすという行動によって，赤ちゃんが笑うと，この結果が好子となって働き，あやすという行動が増加します。これが強化の例です。赤ちゃんをあやすことで，赤ちゃんが泣いてしまうと，この結果が嫌子となって働き，あやすという行動が減少してしまいます。これが弱化の例です。最後に，赤ちゃんをあやしても，赤ちゃんにまったく変化が起きなかった場合，あやすという行動が無くなっていきます。これが消去の例です。

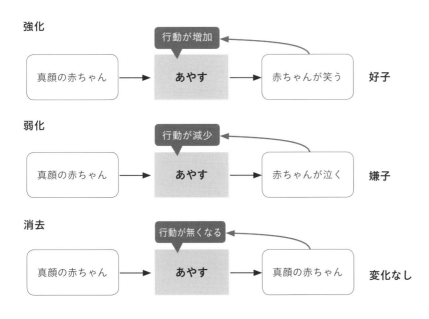

図 4-11　行動随伴性

　他には，泣いている赤ちゃんをあやしたら泣き止んだ場合，「赤ちゃんが泣く」という嫌子が消失することによって「あやす」行動が強化されることがあります。このように，嫌子の消失による強化や，好子の消失による弱化[06]もあります。
　このように，応用行動分析では，表 4-2 に示す 4 つの基本随伴性を使って行動を形成していきます。
　また応用行動分析は，不適切な行動を減少させる点に非常に効果があるため，強度行動障害[07]への対応に効果的とされています。

表 4-2　4 つの基本随伴性

	好子	嫌子
出現	強化	弱化
消失	弱化	強化

　講義メモ

06 強化と弱化
・好子の出現…正の強化
・嫌子の出現…正の弱化
・好子の消失…負の弱化
・嫌子の消失…負の強化
とそれぞれ呼ぶこともある。

07 強度行動障害　物の破壊や自傷行為など周囲に影響を及ぼす行動が目立ち，家庭での養育が困難で，特別な支援が必要な状態のこと。

7　認知行動療法による感情制御

　次に，標的スキル獲得型の心理的介入として，**認知行動療法**による感情制御についてお伝えします。
　近年，認知行動療法が感情制御に効果的であるという報告が多くなされ

ています。特に不安・怒りのコントロールについて，高機能 ASD の子どもに対する小集団認知行動療法と，ペアレント・トレーニングを用いた ASD 特性に対する親の理解を高めるかかわりの 2 つを組み合わせることが，非常に効果的であったという報告が 2005 年になされました。以降，4 歳から 12 歳の幼児期から思春期にかけての ASD の子どもを対象として，小集団認知行動療法の効果に関する報告が多く行なわれています。

ポイント 6　認知行動療法への期待

- 感情制御（不安・怒り）への効果の報告
  - ▶ ASD の子どもへの直接介入：小集団認知行動療法
  - ▶ ペアレント・トレーニングにより ASD 特性に関する親の理解を高める
- 2 つの組み合わせが最も有効（Sofronoff, Attwood, & Hinton, 2005）
- 4 〜 12 歳の ASD の子どもを対象とした，不安や怒りの制御に関する小集団認知行動療法の効果が報告されている（Sofronoff Attwood, Hinton, & Levin, 2007; Woods, Drahota, Sze, Har, Chiu, & Langer, 2009; White, Ollendick, Scahill, Oswald, & Albano, 2009, White et al., 2013 など）

8　家族への介入の重要性

家族は初期の発達，学習体験，対人関係（愛着など）に大きく影響しま

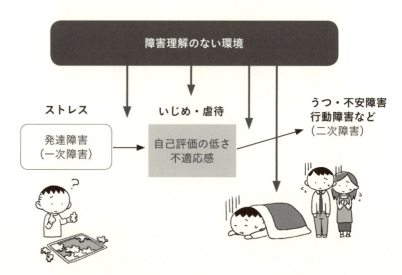

図 4-12　障害理解のない環境による二次的な障害の発生

す。もし家族からのかかわりが不適切であったり，発達障害の支援を受けることに消極的であったりすると，子どもが健康的に成長する機会が阻害され，不適切な行動の学習や失敗の積み重ねで二次障害を招きかねません。

では，先ほど少し話題にあがった親のかかわりについて見てみましょう。まず図 4-12 をご覧ください。

発達障害の子どもの一次障害は，主に前章でお伝えした認知の偏りです。この認知の偏りは長所にも短所にもなりうるものですが，障害理解のない環境で育つことにより，認知の偏りのせいでいじめの対象になったり，育てにくいということで親から虐待を受けたりしやすいとされています。このようないじめや虐待を通じて，自己評価の低さや不適応感が高まり，それがうつや不安症，行動障害などの二次障害につながるとされています。このような二次障害を予防するためにも，障害理解のある環境を作ることは非常に大事です。特に，障害理解のある環境を作るうえで，重要となるのが家族への心理的介入です。

では，具体的にどのように家族に心理的介入を行なっていくのでしょうか。代表的なものを 3 つ紹介します。

ポイント 7　代表的な家族への心理的介入

- ペアレント・トレーニング：応用行動分析（ABA）を基本に，目標行動の設定，行動の機能分析，環境調整や子どもへの肯定的な働きかけを習得していく支援技法
- ペアレント・プログラム：「行動で考える／行動で見る」ことに特化し，保護者の認知的な枠組みの修正を目指したプログラム
- ペアレント・メンター：親同士の支え合いの組織で，共感的に話を聞いたり情報提供を行なう

まずは**ペアレント・トレーニング**[08]です。これは，応用行動分析を基本に，目標行動を設定して，行動の機能分析[09]や環境調整，子どもへの肯定的な働きかけを，親が習得していくものです。日本でもかなり前から導入されてはいますが，実施機関が少ないことが残念です。

このようなペアレント・トレーニングが難しい場合，親がまだ発達障害を受け入れきれていない場合が多くあります。それでも子どもへの対応の仕方を学びたいという場合，**ペアレント・プログラム**[10]というものがあります。これは数年前に作られ，日本では広い範囲で実施されています。これは「行動で考える」「行動で見る」ということに特化したプログラムで，少ない負担で親の認知的な枠組みを修正することができ，子どもへの接し方を変えることができます。具体的には，子どもを褒めることで行動を変

講義メモ

08 ペアレント・トレーニング　ペアレント・トレーニングの詳細は，以下のサイトを参照。日本ペアレント・トレーニング研究会　https://parent-training.jp/

09 機能分析　行動主義心理学の ABC モデルに基づき，行動随伴性（強化や弱化）の分析を行なうこと。

10 ペアレント・プログラム　ペアレント・プログラムの詳細は，以下のサイトを参照。発達障害情報・支援センター www.rehab.go.jp/ddis/ こんなとき，どうする %EF%BC%9F/家族支援 / ペアレントプログラム /

えていく，子どもの良いところを見ることによって認知を変えていくというように，子どもの悪いところを見るのではなく，良いところを見つめていくプログラムになります。

また，**ペアレント・メンター**と呼ばれる，親同士の支え合いの組織も，国レベルで広く実施されています。共感的に話を聴いたり，情報提供を行なったり，先輩のお母様が後輩のお母様にお話をしたりなど，情報提供がメインとなるコミュニティの中での支援になります。

以上が，ASD 支援の代表的な心理的介入の方法になります。

9 PART 4 のまとめ

ここまで，ASD の理解について認知面を中心にお伝えし，さまざまな心理支援のうち，代表的な介入方法の概略をお伝えしてきました。

最後にまとめとして，ASD 支援の基本としてイギリス自閉症協会が推奨する「**SPELL**」という概念を紹介したいと思います。

まず，本章でお伝えしてきた Structure（構造化）です。ASD の認知特性をふまえ，理解しやすい環境を整えます。また Positive（肯定的）として，肯定的で適切な対応や期待をしていく姿勢が必要です。さらに Empathy（共感）として，ASD の視点に立って世界を見て，歩み寄っていく姿勢をもつこと，そして感覚的な問題の多い ASD の特徴に対し，対応や環境を Low arousal（穏やか・低興奮）にし，ストレスになる感覚刺激を統制していくことも大事です。最後に Links（連携）として，何よりも家族やコミュニティ，他の機関など生活すべての領域で連携していくことが必要です。

ポイント8　**イギリス自閉症協会が推奨する ASD への支援の基本：SPELL**

- **S**tructure（構造化）：ASD の人の認知特性をふまえ，理解しやすく環境を構造化
- **P**ositive（肯定的）：肯定的で適切な対応
- **E**mpathy（共感）：ASD の人たちの認知や行動に共感し，歩み寄っていく
- **L**ow arousal（低興奮）：ストレスになる感覚刺激を統制して興奮しすぎないように
- **L**inks（連携）：家庭，コミュニティー，多機関の連携

イギリス自閉症協会は，このSPELLがASDの支援の基本と述べています。ぜひ皆さんもこのSPELLを心の中に刻んだうえで，ASDへの支援を行なっていただければと思います。

以上で本講義を終わります。ありがとうございました。

ま と め

- ASDの支援は，定型発達になることが目的ではないため，定型発達との違いを認め，尊重していく姿勢が求められる。
- ASDの心理的支援の具体的な方法として，構造化，応用行動分析，認知行動療法，ペアレント・トレーニングなどがあげられる。
- いずれの支援も，ASDが自発的に行動することを育み，促進することが目的となる。

確 認 問 題
TEST 1

以下の文章について，正しい文章には○，正しいとは言えない文章には×をつけなさい。

(1) ASD の認知特性を考慮せずに遊戯療法や来談者中心療法を用いることで ASD の子どもを逆に混乱させてしまう場合がある。　　　　　　　（　　　　　）

(2) DSM-5 における ASD の主症状は，社会的コミュニケーションの障害と行動，興味，活動の限定された反復的な様式の 2 つで，これら症状が 3 歳以前に存在している場合が ASD に相当する。　　　　　　　　　　　　　（　　　　　）

(3) 知的能力障害を併発する ASD の場合，男女比は 2 対 1 ぐらいと言われている。
　　　　　　　　　　　　　　　　　　　　　　　　　　　　　（　　　　　）

(4) DSM-5 において ADHD は ASD の併存疾患の可能性が想定されているが両者の診断を併記することはできない。　　　　　　　　　　　（　　　　　）

(5) 心の理論に関する代表的な課題に「サリーとアンの課題」があり，ASD の子どもはこの課題を通過することができない。　　　　　　　　　（　　　　　）

(6) ASD の意思決定の難しさに対しては，幼児期から選択させるなど，スモールステップで自己決定する経験をさせることが望ましい。　　　　（　　　　　）

(7) ASD の支援は，自尊心を高める働きかけを重視するため，指示的であることは望ましくない。　　　　　　　　　　　　　　　　　　　　（　　　　　）

(8) The CAT-Kit は，感情の理解を支援するための，感情認識トレーニングのキットである。　　　　　　　　　　　　　　　　　　　　　　（　　　　　）

(9) 負の強化とは，行動の結果，嫌子が出現することにより，行動の生起頻度が低下していく現象のことである。　　　　　　　　　　　　　（　　　　　）

(10) 行動理論を基本に，目標行動の設定，行動の機能分析，環境調整や子どもへの肯定的な働きかけを，親が習得することを，ペアレント・メンターと言う。
　　　　　　　　　　　　　　　　　　　　　　　　　　　　　（　　　　　）

確 認 問 題
TEST 2

次の空欄にあてはまる用語を記入しなさい。

(1) 発達障害児や，視覚・聴覚などの障害をもつ者に対し，学習・生活上の困難を克服し自立を図るために，一人ひとりの状況に合わせて行なわれる教育のことを（　　　　　　　）という。

(2) 健常者も障害をもつ者も，境界線のない一連の連続体であるという考え方を（　　　　　　　）という。

(3) ASD の診断基準を満たさないが，ASD の行動と口調をもつような ASD と健常者の中間領域にいる子どもたちを（　　　　　　　）と呼ぶ。

(4) ASD の認知特徴の一つであり，細部に注目しやすく全体を把握することを苦手とする特性を（　　　　　　　）の弱さと言う。

(5) ASD の認知特徴の一つであり，思考の柔軟性，注意セットの変換，企画能力，作業記憶における障害などを（　　　　　　　）の障害と言う。

(6) 「サリーとアンの課題」は一次の（　　　　　　　）と呼ばれており，心の理論の構築を見るための代表的な課題である。

(7) 認知に関する認知のことを（　　　　　　　）と言う。ASD はこの認知に欠けることが多いため，自分の誤りに気がつくことが難しく，それが二次的な対人関係の問題につながっていくことがある。

(8) 「ここは○○をする場所」「□□の次に△△をする」というように，環境の意味がわかるように作り直し，意味を共有することを（　　　　　　　）と言う。

(9) 「何をどれくらい」「どれだけやったら終わりなのか」「終わった後で何があるのか」を視覚的に伝えるための仕組みを（　　　　　　　）と言う。

(10) 褒めたり注目したりして社会的報酬を与えることで，適応的な行動に強化を行なったり，好ましくない行動を無視したり社会的報酬を与えなかったりして，弱化や消去を行なったりするアプローチを（　　　　　　　）と言う。

PART 4 自閉スペクトラム症（ASD）の理解と支援の基本を学ぶ

確 認 問 題
TEST 3

以下の問いに答えなさい。

(1) 以下の語群のすべての語について，ASD の認知特性として強い面を表すか弱い
面を表すかを判断し，表に記号を書き入れなさい。

〔語群〕A 聴覚的理解　B 視覚的理解　C 長期記憶　D 視空間的スキル　E 細部
への気づき　F 他者の感情や考えの理解　G 手順の理解　H ルールの理解　I 細
部への過剰な注目　J 企画・順序立て　K 組織化　L 複合した意味の理解　M 暗
号解読　N 語彙

表 1　ASD の認知特性

強い面	弱い面

(2) 以下の語群のすべての課題について，ASD のどの実行機能を測る課題であるか
を判断し，表に記号を書き入れなさい。

〔語群〕A　Stroop Test　　B　Tower of Hanoi
C　Wisconsin Card Sorting Test　　D　Reading Span Text
E　Trail Making Test　　F　Go-No Go Test　　G　迷路　　H　数唱・逆唱

表 2　実行機能を測る課題

構えの変更：思考の柔軟性	作動記憶
企画能力	抑制

194

確 認 問 題
TEST 4

以下の問いに答えなさい。

(1) 従来の発達障害の概念に対して，近年はどのように変化してきたか，発達障害概念の変化について論じなさい。

(2) ASD の子どもが「心の理論」課題を通過したとしても，本能的な「心の理論」の処理は，定型発達と異なっている可能性が指摘されている。この点について論じなさい。

(3) 中枢性統合の弱さは ASD の弱みでもあり，強みでもある。この点について説明しなさい。

(4) 応用行動分析に基づく ASD への介入方法と，その目的を説明しなさい。

(5) 発達障害の支援において，家族への心理的介入が重要となる。その理由について論じなさい。

(6) イギリス自閉症協会は，ASD への支援の基本姿勢として「SPELL」という概念を提唱している。この「SPELL」について，説明しなさい。

解答例

TEST 1

(1) ○

(2) × DSM-5 で「3歳以前」から「発達早期」に変更。

(3) ○

(4) × DSM-5 より併記できるようになった。

(5) × 通過する割合は多くないが，不可能ではない。

(6) ○

(7) × 時に指示的であることも求められる。

(8) ○

(9) × この文章は，正の弱化の説明。

(10) × ペアレント・メンターではなく，ペアレント・トレーニング。

TEST 2

(1) 特別支援教育

(2) スペクトラム

(3) BAP（自閉症発現型）

(4) 中枢性統合

(5) 実行機能

(6) 誤信念課題

(7) メタ認知

(8) 構造化

(9) ワークシステム

(10) 応用行動分析

TEST 3

(1) 強い面：B, C, D, E, G, H, M, N
弱い面：A, F, I, J, K, L

(2) 構えの変更：思考の柔軟性　C, E
作動記憶　D, H
企画能力　B, G
抑制　A, F

TEST 4

(1) 発達障害は従来，症状が固定的で，あまり変化しないものと考えられていた。「何らかの能力が欠落している」という能力の障害として，主に精神遅滞や身体障害と同様の考え方で理解されてきた。現代では，症状を流動的なものとしてとらえようとしている。つまり同じ発達障害であっても，環境や支援によって，症状が変わっていく流動性をもつものとして考えられている。代表的な発達障害であ

るASDに関しても，細かくカテゴリーに分けるのではなく，スペクトラムとして症状が連続的につながっていると考えられるようになった。また従来は発達障害の前提として知的な困難があったが，近年では，知的能力障害のない発達障害も考えられるようになっている。さらに，発達障害と他の精神疾患の併存についても，新しい概念の中では取り入れられている。

(2) 「心の理論」課題を通過できる言語性精神年齢が，定型発達よりASDのほうが高年齢であることが明らかになっている。このことから，ASDは言語性知能で「心の理論」課題を通過しているのではないか，という指摘がなされた。年長になるとASDでも1次の誤信念課題を通過できるようになり，さらに大きくなるとより高次の誤信念課題も通過できるようになるが，それは定型発達のように本能的に通過しているのではなく，言語性知能で考えたものである可能性が高い。この場合「心の理論」について本能的にわかっているわけではないので，思考の負荷がかかっていることになる。支援においては，このような負荷についても配慮すべきであろう。

(3) ASDの人は，物事を分解し断片化して認識してしまう。そのため，全体的な状況や人の意図を読み取ることが難しいと考えられている。ただ，中枢性統合の弱さは，ASDの強みでもある。ブロック・デザインテスト（積木模様課題）と呼ばれる，いろいろな積木を組み合わせて，指示された図形を作る課題において，ASDは定型発達よりも成績が良いことが明らかになった。これは，ASDの「断片化して見る」という特徴が功を奏して，パフォーマンスが良くなると考えられている。つまり，細部を見ることによって好成績になる課題や仕事ならば，ASDの特徴をうまく活かすことで，非常に有能な結果を残すことができると言えるだろう。

(4) 応用行動分析は，直接的に行動を形成していく働きかけである。具体的には，褒めたり注目したりして社会的報酬を与えることで，好ましい行動の頻度を高める強化を行なったり，好ましくない行動を無視したり社会的報酬を与えなかったりして，行動の頻度を低下させる弱化や消去を行なったりする。

このような行動の形成を，スモールステップで行なう。最終的には，ASD の方が自発的に行動することを育み，促進することが目的となる。

(5) 発達障害の子どもの一次障害は，主に認知の偏りである。この認知の偏りは長所にも短所にもなりうるものだが，障害理解のない環境で育つことにより，認知の偏りのせいでいじめの対象になったり，育てにくいということで親から虐待を受けたりしやすいとされている。このようないじめや虐待を通じて，自己評価の低さや不適応感が高まり，それが二次障害となってうつや不安症，行動障害などにつながるとされている。このような二次障害を予防するためにも，障害理解のある環境を作ることは非常に大事である。特に，障害理解のある環境を作るうえで，家族への心理的介入は非常に重要となる。なぜならば，家族は初期の発達，学習体験，対人関係に大きく影響する。もし家族からのかかわりが不適切であったり，発達障害の支援を受けることに

消極的であったりすると，子どもが健康的に成長する機会が阻害され，不適切な行動の学習や失敗の積み重ねで二次障害を招きかねない。

よって，障害理解のある環境を作るうえで，家族への心理的介入は非常に重要と言えるだろう。

(6) ASD の認知特性をふまえ，理解しやすい環境を整える「Structure（構造化）」。「Positive（肯定的）」で適切な対応や期待をしていく姿勢。ASD の視点に立って世界を見て，歩み寄っていく姿勢をもつ「Empathy（共感）」。感覚的な問題の多い ASD の特徴に対して，対応や環境を「Low arousal（穏やか・低興奮）」にし，ストレスになる感覚刺激を統制していく。最後に，何よりも家族やコミュニティ，他の機関など生活すべての領域で「Links（連携）」が必要となる。この5語の頭文字を集めたものが「SPELL」である。SPELL は，ASD の支援の基本となる姿勢を整理したものと言えよう。

発達障害に関連する法律

発達障害の支援に関連する法律の一部を，条文を挙げて解説する。

1. 障害者総合支援法

正式名称：障害者の日常生活及び社会生活を総合的に支援するための法律

（平成十七年法律第百二十三号）
平成二十九年六月二日公布
（平成二十九年法律第五十二号）改正

第一章　総則
（目的）　第一条　この法律は，障害者基本法（昭和四十五年法律第八十四号）の基本的な理念にのっとり，身体障害者福祉法（昭和二十四年法律第二百八十三号），知的障害者福祉法（昭和三十五年法律第三十七号），精神保健及び精神障害者福祉に関する法律（昭和二十五年法律第百二十三号），児童福祉法（昭和二十二年法律第百六十四号）その他障害者及び障害児の福祉に関する法律と相まって，障害者及び障害児が基本的人権を享有する個人としての尊厳にふさわしい日常生活又は社会生活を営むことができるよう，必要な障害福祉サービスに係る給付，地域生活支援事業その他の支援を総合的に行い，もって障害者及び障害児の福祉の増進を図るとともに，障害の有無にかかわらず国民が相互に人格と個性を尊重し安心して暮らすことのできる地域社会の実現に寄与することを目的とする。

〈解説〉　身体障害，知的障害，精神障害を3障害と呼ぶことがあり，それら3障害を取りまとめる法律がこの「障害者総合支援法」である。その目的は，障害があっても尊重され，安心して暮らすことのできる地域社会の実現にある。

（基本理念）　第一条の二　障害者及び障害児が日常生活又は社会生活を営むための支援は，全ての国民が，障害の有無にかかわらず，等しく基本的人権を享有するかけがえのない個人として尊重されるものであるとの理念にのっとり，全ての国民が，障害の有無によって分け隔てられることなく，相互に人格と個性を尊重し合いながら共生する社会を実現するため，全ての障害者及び障害児が可能な限りその身近な場所において必要な日常生活又は社会生活を営むための支援を受けられることにより社会参加の機会が確保されること及びどこで誰と生活するかについての選択の機会が確保され，地域社会において他の人々と共生することを妨げられないこと並びに障害者及び障害児にとって日常生活又は社会生活を営む上で障壁となるような社会における事物，制度，慣行，観念その他一切のものの除去に資することを旨として，総合的かつ計画的に行わなければならない。

〈解説〉　障害者や障害児にとっての社会的障壁の除去が明記されている。さらに，除去すべき対象として社会制度や慣行・観念などがあげられており，いわゆる社会通念を変えていく姿勢が示されている。障害者に対する合理的配慮の提供にも関連する部分である。

（定義）　第四条　4　この法律において「障害支援区分」とは，障害者等の障害の多様な特性その他の心身の状態に応じて必要とされる標準的な支援の度合を総合的に示すものとして厚生労働省令で定める区分をいう。

〈解説〉　旧障害者自立支援法では「障害程度区分」という，日常生活が「できる」か「できない」かのみに着目して区分がなされていた。だが「できる」といっても，さまざまなレベルがある。特に苦労することなく「できる」のか，自身の能力やさまざまな支援を総動員して「できる」のかで，大きな違いがある。そこで障害者総合支援法では，個々の生活環境を加味し，どのような点で困っているのか，どのような支援をどの程度必要とするのかを判断する度合いとして「障害支援区分」という指標が導入された。「障害支援区分」は6〜1・非該当の7段階があり，段階によって支給される支援が異なる。

2．発達障害者支援法

正式名称：発達障害者支援法
（平成十六年法律第百六十七号）
平成二十八年六月三日公布
（平成二十八年法律第六十四号）改正

第一章　総則
（目的）　第一条　この法律は，発達障害者の心理機能の適正な発達及び円滑な社会生活の促進のために発達障害の症状の発現後できるだけ早期に発達支援を行うとともに，切れ目なく発達障害者の支援を行うことが特に重要であることに鑑み，障害者基本法（昭和四十五年法律第八十四号）の基本的な理念にのっとり，発達障害者が基本的人権を享有する個人としての尊厳にふさわしい日常生活又は社会生活を営むことができるよう，発達障害を早期に発見し，発達支援を行うことに関する国及び地方公共団体の責務を明らかにするとともに，学校教育における発達障害者への支援，発達障害者の就労の支援，発達障害者支援センターの指定等について定めることにより，発達障害者の

自立及び社会参加のためのその生活全般にわたる支援を図り，もって全ての国民が，障害の有無によって分け隔てられることなく，相互に人格と個性を尊重し合いながら共生する社会の実現に資することを目的とする。

〈解説〉　単に発達障害を支援するということだけでなく，早期発見・早期支援を行なうことや，継続的な支援を要することが明記されている。

（定義）　第二条　この法律において「発達障害」とは，自閉症，アスペルガー症候群その他の広汎性発達障害，学習障害，注意欠陥多動性障害その他これに類する脳機能の障害であってその症状が通常低年齢において発現するものとして政令で定めるものをいう。
　　2　この法律において「発達障害者」とは，発達障害がある者であって発達障害及び社会的障壁により日常生活又は社会生活に制限を受けるものをいい，「発達障害児」とは，発達障害者のうち十八歳未満のものをいう。

〈解説〉　発達障害者支援法における発達障害の定義は，決して明確とはいえない。特に「その他これに類する脳機能の障害」という表現によって，何を発達障害とみなすか，幅をもった解釈が可能となる。また知的能力障害（知的障害）については，発達障害者支援法より先に成立している知的障害者福祉法に基づき支援することが前提とされていたため，発達障害者支援法ではあえて触れられていない。
　　年齢については，18歳未満を発達障害児と呼ぶことが明記されているため，「発達障害者」「発達障害児」という語を使い分けるときには，年齢に注意したい。

（就労の支援）　第十条　国及び都道府県は，発達障害者が就労することができるようにするため，発達障害者の就労を支援するため必要な体制の整備に努めるとともに，公共職業安定所，地域障害者職業センター（障害者の雇用の促進等に

関する法律（昭和三十五年法律第百二十三号）第十九条第一項第三号の地域障害者職業センターをいう。），障害者就業・生活支援センター（同法第二十七条第一項の規定による指定を受けた者をいう。），社会福祉協議会，教育委員会その他の関係機関及び民間団体相互の連携を確保しつつ，個々の発達障害者の特性に応じた適切な就労の機会の確保，就労の定着のための支援その他の必要な支援に努めなければならない。

　　2　都道府県及び市町村は，必要に応じ，発達障害者が就労のための準備を適切に行えるようにするための支援が学校において行われるよう必要な措置を講じるものとする。

　　3　事業主は，発達障害者の雇用に関し，その有する能力を正当に評価し，適切な雇用の機会を確保するとともに，個々の発達障害者の特性に応じた適正な雇用管理を行うことによりその雇用の安定を図るよう努めなければならない。

（発達障害者支援センター等）　第十四条　都道府県知事は，次に掲げる業務を，社会福祉法人その他の政令で定める法人であって当該業務を適正かつ確実に行うことができると認めて指定した者（以下「発達障害者支援センター」という。）に行わせ，又は自ら行うことができる。

〈解説〉　発達障害者の就労の支援において，就労機会の確保だけでなく，就労の定着まで明記されている。だが「努めなければならない」とあるように，これらは「義務」ではない。

　このように，発達障害者支援法で示されていることの多くは，「理念・方針」であり「義務」にはなっていない。義務であれば「必ず果たすべきもの」になり，「理念・方針」であれば「できる限り行うべきもの」になる。同様に第十四条によれば，発達障害者支援センターは「設置してもよい」ものであり「必ず設置しなければならないもの」ではない。このように，発達障害者支援法の法的な拘束力は，決して強いとはいえない（なお，第十九条に「発達障害の診断及び発達支援を行うことができる病院や診療所

を確保しなければならない」という義務が存在するなど，発達障害者支援法に義務がまったく存在しないわけではない）。

（司法手続における配慮）　第十二条の二　国及び地方公共団体は，発達障害者が，刑事事件若しくは少年の保護事件に関する手続その他これに準ずる手続の対象となった場合又は裁判所における民事事件，家事事件若しくは行政事件に関する手続の当事者その他の関係人となった場合において，発達障害者がその権利を円滑に行使できるようにするため，個々の発達障害者の特性に応じた意思疎通の手段の確保のための配慮その他の適切な配慮をするものとする。

〈解説〉　本書の78ページで強調されていた内容。発達障害者の特性に応じた意思疎通の手段の確保に関しては，専門の研修やトレーニングが必要ではないかと思われる。

3.　知的障害者福祉法

正式名称：知的障害者福祉法

　　　　　　　　　　（昭和三十五年法律第三十七号）
　　　　　　　　　平成二十九年五月三十一日公布
　　　　　　（平成二十九年法律第四十一号）改正

第一章　総則
（この法律の目的）　第一条　この法律は，障害者の日常生活及び社会生活を総合的に支援するための法律（平成十七年法律第百二十三号）と相まって，知的障害者の自立と社会経済活動への参加を促進するため，知的障害者を援助するとともに必要な保護を行い，もつて知的障害者の福祉を図ることを目的とする。

〈解説〉　昭和35（1960）年に施行された知的障害者の支援を目的とする法律。

　日本における発達障害の支援はこの知的障害者福祉法を軸としてきた背景があり，かつて知的障害をもたない発達障害は「軽度発達障害」と呼ばれ，法的な支援対象ではなかった。しかし，

平成 16（2004）年の発達障害者支援法の施行
に伴い，知的障害の有無にかかわらず，発達障
害が法的な支援対象となった。

なお現在は，障害者総合支援法により「身体」
「知的」「精神」の 3 障害が同じ法律内で扱われ
ることとなったため，知的障害者福祉法におけ
る支援や制度の多くが障害者総合支援法に移行
している。

4. 障害者差別解消法

正式名称：障害を理由とする差別の解消の推進
に関する法律

（平成二十五年法律第六十五号）
施行日： 平成二十八年四月一日

第一章 総則
（目的） 第一条 この法律は，障害者基本法（昭
和四十五年法律第八十四号）の基本的な理念に
のっとり，全ての障害者が，障害者でない者と等
しく，基本的人権を享有する個人としてその尊厳
が重んぜられ，その尊厳にふさわしい生活を保障
される権利を有することを踏まえ，障害を理由と
する差別の解消の推進に関する基本的な事項，行
政機関等及び事業者における障害を理由とする差
別を解消するための措置等を定めることにより，
障害を理由とする差別の解消を推進し，もって全
ての国民が，障害の有無によって分け隔てられる
ことなく，相互に人格と個性を尊重し合いながら
共生する社会の実現に資することを目的とする。

〈解説〉 障害を理由とする差別の解消推進につ
いて，行政機関や事業者が行なうべき措置を定
めているという点に，この法律の大きな特徴が
ある。いわゆる合理的配慮に関する法律である。

（行政機関等における障害を理由とする差別の禁
止） 第七条 行政機関等は，その事務又は事業
を行うに当たり，障害を理由として障害者でない
者と不当な差別的取扱いをすることにより，障害
者の権利利益を侵害してはならない。

2 行政機関等は，その事務又は事業を行うに
当たり，障害者から現に社会的障壁の除去を必要
としている旨の意思の表明があった場合におい
て，その実施に伴う負担が過重でないときは，障
害者の権利利益を侵害することとならないよう，
当該障害者の性別，年齢及び障害の状態に応じて，
社会的障壁の除去の実施について必要かつ合理的
な配慮をしなければならない。

〈解説〉 行政機関において，合理的配慮の提供
が法的な義務であることを表す条文である。つ
まり行政機関は，障害者の障害の状態に応じて，
合理的配慮を行なわなければならない。

（事業者における障害を理由とする差別の禁止）
第八条 事業者は，その事業を行うに当たり，障
害を理由として障害者でない者と不当な差別的取
扱いをすることにより，障害者の権利利益を侵害
してはならない。

2 事業者は，その事業を行うに当たり，障害
者から現に社会的障壁の除去を必要としている旨
の意思の表明があった場合において，その実施に
伴う負担が過重でないときは，障害者の権利利益
を侵害することとならないよう，当該障害者の性
別，年齢及び障害の状態に応じて，社会的障壁の
除去の実施について必要かつ合理的な配慮をする
ように努めなければならない。

〈解説〉 民間事業者において，合理的配慮の提
供が努力義務であることを表す条文である。つ
まり合理的配慮の提供について，行政機関は義
務だが，民間事業者は努力義務となっている。

5. いじめ防止対策推進法

正式名称：いじめ防止対策推進法
（平成二十五年法律第七十一号）
平成二十八年五月二十日公布
（平成二十八年法律第四十七号）改正

（定義） 第二条 この法律において「いじめ」と

は，児童等に対して，当該児童等が在籍する学校に在籍している等当該児童等と一定の人的関係にある他の児童等が行う心理的又は物理的な影響を与える行為（インターネットを通じて行われるものを含む。）であって，当該行為の対象となった児童等が心身の苦痛を感じているものをいう。

〈解説〉　インターネットを通じて行われるいじめは，いじめ防止対策推進法で定義する「いじめ」に含まれる。また，いじめの対象となった児童が心身の苦痛を感じていれば，いじめと認定されることになる。

6. 教育機会確保法

正式名称：義務教育の段階における普通教育に相当する教育の機会の確保等に関する法律
（平成二十八年法律第百五号）
平成二十八年十二月十四日公布
（平成二十八年法律第百五号）改正

（学校以外の場における学習活動等を行う不登校児童生徒に対する支援）　第十三条　国及び地方公共団体は，不登校児童生徒が学校以外の場において行う多様で適切な学習活動の重要性に鑑み，個々の不登校児童生徒の休養の必要性を踏まえ，当該不登校児童生徒の状況に応じた学習活動が行われることとなるよう，当該不登校児童生徒及びその保護者（学校教育法第十六条に規定する保護者をいう。）に対する必要な情報の提供，助言その他の支援を行うために必要な措置を講ずるものとする。

〈解説〉　法律名は教育機会確保法とされているが，条文の中には不登校児童生徒の定義や，その不登校児童生徒に関する教育機会の確保が明記されていることから，教育機会確保法は「不登校対策法」としての意味合いが強い。従来の不登校支援は復学支援が主であったが，教育機会確保法では復学支援に限らず，休養の必要性や，フリースクールや教育支援センター，不登校特例校など，学校以外の多様な学習活動を認める方向に転換している。

PART 1

American Psychiatric Association (2013). *Diagnostic and Statistical Manual of Mental Disorders, Fifth Edition* (DSM-5). Washinton, DC: American Psychiatric Association. （アメリカ精神医学会　日本精神神経学会（監修）　髙橋三郎・大野 裕（監訳）（2014）．DSM-5 精神疾患の診断・統計マニュアル　医学書院）

本田秀夫（2013）．自閉症スペクトラム10人に1人が抱える「生きづらさ」の正体　SB クリエイティブ

障害者福祉研究会（2002）．ICF 国際生活機能分類：国際障害分類改訂版　中央法規出版

PART 2

Korchin, S. J. (1976). *Modern clinical psychology: Principle of intervention in the clinic and community*. New York, NY: Basic book. （コーチン，S. J.　村瀬孝雄（監訳）（1980）．現代臨床心理学：クリニックとコミュニティにおける介入の原理　弘文堂）

［参考文献］
杉山 登志郎（2000）．発達障害の豊かな世界　日本評論社
臺 弘（2006）．精神医学の思想 医療の方法を求めて　創造出版

PART 3

American Psychiatric Association (2013). *Diagnostic and Statistical Manual of Mental Disorders, Fifth Edition* (DSM-5). Washinton, DC: American Psychiatric Association. （アメリカ精神医学会　日本精神神経学会（監修）　髙橋三郎・大野 裕（監訳）（2014）．DSM-5 精神疾患の診断・統計マニュアル　医学書院）

Baron-Cohen, S., Hoekstra, R. A., Knickmeyer, R., & Wheelwright, S. (2006). The autism-spectrum quotient (AQ)-adolescent version. *Journal of Autism and Developmental Disorders*, *36*, 343-350.

Baron-Cohen, S., Wheelwright, S., Skinner, R., Martin, J., & Clubley, E. (2001). The Autism Spectrum Quotient (AQ): Evidence from Asperger syndrome/high functioning autism, males and females, scientists and mathematicians. *Journal of Autism and Developmental Disorders*, *31*, 5–17.

Bodfish, J. W., Symons, F. J., Parker, D. E., & Lewis, M. H. (2000). Varieties in repetitive behavior in autism. *Journal of Autism and Developmental Disorders*, *30*, 237–243.

Brown, C. E., & Dunn, W. (2002). *Adolescent/Adult sensory profile: user's manual*. San Antonio, TX: Pearson. （ブラウン，C. E.・ダン，W.　辻井正次（監修）（2015）．AASP 青年・成人感覚プロファイル　日本文化科学社）

Conners, C. K. (2008). *Conners* (3rd ed.). (Conners 3). North Tonawanda, NY: Multi-Health Systems. （コナーズ，C. K.　田中康雄（訳）（2011）．Conners 3 日本語版（コナーズ3）金子書房）

Dunn, W. (1999). *Sensory Profile: User's manual*. San Antonio, TX: Pearson. （ダン，W.　辻井正次（監修）（2015）．SP 感覚プロファイル　日本文化科学社）

Dunn, W. (2002). *Infant/Toddler sensory profile: User's manual*. San Antonio, TX: Pearson. （ダン，W.　辻井正次（監修）（2015）．ITSP 乳幼児感覚プロファイル　日本文化科学社）

DuPaul, G. J., Power, T. J., Anastopoulos, A. D., & Reid, R. (1998). *ADHD Rating Scale-IV: Checklists, Norms, and Clinical Interpretation*. Guilford: New York.

Ehlers, S., Gillberg, C., & Wing, L. (1999). A screening questionnaire for Asperger syndrome and other high-functioning autism spectrum disorders in school age children. *Journal of Autism and Developmental Disorders*,

29, 129–141.

遠城寺宗徳（1977）．遠城寺式乳幼児分析的発達検査法・解説書　慶応義塾大学出版会

First, M. B., Spitzer, R. L., Gibbon, M., & Williams, J. B. (2002). Structured clinical interview for DSM-IV-TR axis I disorders, research version, patient edition. SCID-I/P.（ファースト M. B. 他　高橋三郎（監修）　北村俊則・岡野禎治（監訳）（2003）．精神科診断面接マニュアル（SCID）　日本評論社）

Goodman, R. (1997). The Strengths and Difficulties Questionnaire: A research note. *Journal of Child Psychology and Psychiatry*, *38*, 581-586.

発達障害支援のための評価研究会（2018）．親面接式自閉スペクトラム症評定尺度テキスト 改訂版　金子書房

Henderson, S., Sugden, D., & Barnett, A. L. (2007). *The movement assessment battery for children* (2nd ed.). London: The Psychological Corporation.

市川宏伸・田中康雄（2008）．診断・対応のための ADHD 評価スケール　ADHD-RS　DSM 準拠　明石書店

井伊智子・林恵津子・廣瀬由美子・東條吉邦（2003）．高機能自閉症スペクトラム・スクリーニング質問紙（ASSQ）について　東條　邦（編）平成 14 年度科学研究費補助金 "自閉症児・ADHD 児における社会的障害の特徴と教育的支援に関する研究" 報告書　pp.39–45.

Inada, N., Ito, H., Yasunaga, K., Kuroda, M., Iwanaga, R., Hagiwara, T.… Tsujii, M. (2015). Psychometric properties of the Repetitive Behavior Scale-Revised for individuals with autism spectrum disorder in Japan. *Research in Autism Spectrum Disorders*, *15–16*, 60-68.

Inada, N., Koyama, T., Inokuchi, E., Kuroda, M., & Kamio, Y.(2011). Reliability and validity of the Japanese version of the Modified Checklist for autism in toddlers (M-CHAT), *Research in Autism Spectrum Disorders*, *5*, 330–336.

井潤知美・上林靖子・中田洋二郎・北 道子・藤井浩子・倉本英彦…名取宏美（2001）．Child Behavior Checklist/4-18 日本語版の開発　小児の精神と神経, *41*(4), 243-252.

伊藤大幸・松本かおり・高柳伸哉・原田 新・大嶽さと子・望月直人…辻井正次（2014）．ASSQ 日本語版の心理測定学的特性の検証と短縮版の開発　心理学研究, *85*(3), 304–312.

Johnson, E., & Conners, C. K.(1998). *Conners' Adult ADHD Diagnostic Interview For DSM-IV*. North Tonawanda, NY: Multi-Health Systems.（中村和彦（監修）　染木史緒・大西将史（監訳）（2011）．CAADID 日本語版　金子書房）

Kamio, Y., Haraguchi, H., Stickley, A., Ogino, K., Ishitobi, M., & Takahashi, H. (2015). Brief Report: Best Discriminators for Identifying Children with Autism Spectrum Disorder at an 18-Month Health Check-Up in Japan(2015). *Journal of Autism and Developmental Disorders*, *45*(12), 4147–4153.

神尾陽子（2017）．SRS-2 対人応答性尺度　日本文化科学社

神尾陽子・稲田尚子（2006）．1 歳 6 か月健診における広汎性発達障害の早期発見についての予備的研究　精神医学, *48*(9), 981-990.

Kessler, R. C., Adler, L., Ames, M., Demler, O., Faraone, S., Hiripi, E.,…Walters, E. E.(2005). The World Health Organization Adult ADHD Self-Report Scale (ASRS): A short screening scale for use in the general population. *Psychological Medicine*, *35*, 245–56.（武田俊信（訳）（2011）．成人期の ADHD の自己記入式症状チェックリスト（ASRS-v1.1）18 歳以上用 https://www.adhd-navi.net/adult-adhd/check/index.html）

K 式発達検査研究会（編）（2008）．新版 K 式発達検査 2001 年版　ナカニシヤ出版

Kurita, H., Koyama, T., & Osada, H. (2005). Autism-Spectrum quotient-Japanese version and its short forms for screening normally intelligent persons with pervasive developmental disorders. *Psychiatry and Clinical Nueurosciences*, *59*, 490-496.

栗田 広・長田洋和・小山智典・金井智恵子・宮本有紀（2004）．自閉症スペクトル指数日本版（AQ-J）のアスペルガー障害に対するカットオフ 臨床精神医学, *33*, 209-214.

Lord, C., Rutter, M., DiLavore, P.C., Risi, S., Gotham, K., Bishop, S. L., Luyster, R. J., & Guthrie, W. (2013). *Autism Diagnostic Observation Schedule* (2nd ed.). (ADOS-2). Los Angeles, CA: Western Psychological Services.（ロード，C. 他　黒田美保・稲田尚子（監修・監訳）（2015）．ADOS-2 日本語版　金子書房）

Lord, C., Rutter, M., & Le Couteur, A. (1994). Autism Diagnostic Interview-Revised：A revised version of a diagnostic interview for caregivers of individuals with possible pervasive developmental disorders. *Journal of Autism Developmental Disorders*, *24*, 659-685.（ロード，C. 他　ADI-R 日本語版研究会（監訳）土屋賢治・黒田美保・稲田尚子（マニュアル監修）（2013）．ADI-R 日本語版　金子書房）

Moriwaki A., & Kamio Y. (2014). Normative data and psychometric properties of the Strengths and Difficulties Questionnaire among Japanese school-aged children. *Child and Adolescent Psychiatry and Mental Health*, *8*(1). doi:10.1186/1753-2000-8-1.

中田洋二郎・上林靖子・福井知美・藤井浩子・北 道子・岡田愛香・森岡由起子（1999）．幼児の行動チェックリスト（CBCL/2-3）の標準化の試み　小児の精神と神経, *39*(4), 317-322.

日本版 WAIS-IV 刊行委員会（2018）．WAIS-IV 成人知能検査　日本文化科学社

日本版 WISC-IV 刊行委員会（2010）．日本版 WISC-IV 理論・解釈マニュアル　日本文化科学社

Robins, D. L., Fein, D., Barton, M. L., & Green, J. A. (2001). The modified checklist for autism in toddlers: an initial study investigating the early detection of autism and pervasive developmental disorders. *Journal of Autism and*

Developmental Disorders, 31, 131-144.

Rutter, M., Bailey, A., & Lord, C. (2003). *The social communication questionnaire: Manual*. Los Angeles, CA: Western Psychological Services. （黒田美保・稲田尚子・内山登紀夫（監訳）（2013）. SCQ 日本語版マニュアル　金子書房）

Rutter, M., Le Counter, A., & Lord, C. (2003). *Autism Diagnostic Interview-Revised.* Los Angeles, CA: Western psychological services. （ラター，M. 他　土屋賢治・黒田美保・稲田尚子（監修）（2013）. ADI-R 日本語版マニュアル　金子書房）

Sheehan, D., Janavs, J., Knapp, E., Sheehan, M., & Baker, R. (1992). *Mini-International Neuropsychiatric Interview Clinician Rated, Version 4.0*. Tampa, FL: University of South Florida College of Medicine. （シーハン，D. V. 他　大坪天平・宮岡 等・上島国利（訳）（2003）. M.I.N.I.　精神疾患簡易構造化面接法　星和書店）

Sparrow, S. S., Cicchetti, D. V., & Balla, D. A. (2005). *Vineland Adaptive Behavior Scaies* (2nd ed.). Survey forms manual. Minneapolis, MN: NCS Pearson, lnc. （スパロー，S. S. 他　辻井正次・村上 隆（監修）（2014）. Vineland-II 適応行動尺度　日本文化科学社）

田中教育研究所（2003）. 田中ビネー知能検査Ｖ　田研出版

津守 真・稲毛教子（1961）. 増補乳幼児精神発達診断法：０才から３才まで　大日本図書

上野一彦・名越斉子・小貫 悟（2008）. PVT-R 絵画語い発達検査　日本文化科学社

宇野彰（監修）春原則子・金子真人（2002）. 標準抽象語理解力検査（SCTAW）　インテルナ出版

宇野 彰・春原則子・金子真人・Wydell, T. N.（2006）. 小学生の読み書きスクリーニング検査（STRAW）　インテルナ出版

宇野 彰・春原則子・金子真人・Wydell, T. N.（2015）. 標準読み書きスクリーニング検査（STRAW-R）　インテルナ出版

Wakabayashi, A., Baron-Cohen, S., Uchiyama, T., Tojo, Y., Yoshida, Y., Kuroda, M., & Wheelwright, S. (2007). The Autism-Spectrum Quotient (AQ) Children's Version in Japan: A Cross-Cultural Comparison. *Journal of Autism and Developmental Disorders, 37*, 534-540.

Wakabayashi, A., Baron-Cohen, S., Wheelwright, S., & Tojo, Y. (2006). The Autism-Spectrum Quotient (AQ) in Japan: Cross-cultural comparison. *Journal of Autism and Developmental Disorders, 36*, 263-70.

Wilson, B. N., Crawford, S. G., Green, D., Roberts, G., Aylott, A., & Kaplan, B. J. (2009). Psychometric properties of the revised Developmental Coordination Disorder Questionnaire. *Physical & Occupational Therapy In Pediatrics, 29*(2), 182-202.

PART 4

American Psychiatric Association. (2000). *Diagnostic And Statistical Manual of Mental Disorders, Fourth Edition (Text Revision)*(DSM-IV-TR). Washinton, DC: American Psychiatric Association. （アメリカ精神医学会　高橋三郎・大野裕・染矢俊幸（訳）（2004）. DSM-IV-TR 精神疾患の診断・統計マニュアル　医学書院）

American Psychiatric Association (2013). *Diagnostic and Statistical Manual of Mental Disorders, Fifth Edition* (DSM-5). Washinton, DC: American Psychiatric Association. （アメリカ精神医学会　日本精神神経学会（監修）　高橋三郎・大野裕（監訳）（2014）. DSM-5 精神疾患の診断・統計マニュアル　医学書院）

Baird, G., Simonoff, E., Pickles, A., Chandler, S., Loucas, T., Meldrum, D., & Charman, T. (2006). Prevalence of disorders of the autism spectrum in a population cohort of children in South Thames: the Special Needs and Autism Project (SNAP). *The Lancet, 368*(9531), 210-215. doi:10.1016/S0140-6736(06)69041-7

Baron-Cohen, S., Jolliffe, T., Mortimore, C., & Robertson, M. (1997). Another advanced test of theory of mind: evidence from very high functioning adults with autism or asperger syndrome. *The Journal of Child Psychology and Psychiatry, 38*(7), 813-822.

Baron-Cohen, S., Leslie, A. M., & Frith, U. (1985). Does the autistic child have a "theory of mind"? , *Cognition, 21*(1), 37-46.

Brugha, T. S., McManus, S., Bankart, J., Scott, F., Purdon, S., Smith, J., ⋯ Meltzer, H. (2011). Epidemiology of autism spectrum disorders in adults in the community in England. *Archives of General Psychiatry, 68*(5), 459-465. doi:10.1001/archgenpsychiatry.2011.38

Frith, U. (1989). *Autism: Explaining the enigma*. Oxford: Blackwell Publishing.

Golan, O., Baron-Cohen, S., & Golan, Y. (2008). The 'Reading the Mind in Films' Task [child version]: complex emotion and mental state recognition in children with and without autism spectrum conditions. *Journal of Autism and Developmental Disorders, 38*(8), 1534-1541. doi:10.1007/s10803-007-0533-7

Golan, O., Baron-Cohen, S., Hill, J. J., & Rutherford, M. D. (2007). The 'Reading the Mind in the Voice' test-revised: a study of complex emotion recognition in adults with and without autism spectrum conditions. *Journal of Autism and Developmental Disorders, 37*(6), 1096-1106. doi:10.1007/s10803-006-0252-5

Happé, F. (1994). *Autism: An introduction to psychological theory*. London, University College London Press.

Happé, F. G. (1995). The role of age and verbal ability in the theory of mind task performance of subjects with autism. *Child Development, 66*(3), 843-855.

Hill, E. L. (2004). Executive dysfunction in autism. *Trends in Cognitive Sciences*, *8*, 26-32.

Hill, E. L., & Bird, C. M. (2006). Executive processes in Asperger syndrome: patterns of performance in a multiple case series. *Neuropsychologia*, *44*, 2822-2835.

Kawamura, Y., Takahashi, O., & Ishii, T. (2008). Reevaluating the incidence of pervasive developmental disorders: impact of elevated rates of detection through implementation of an integrated system of screening in Toyota, Japan. *Psychiatry and Clinical Neurosciences*, *62*(2), 152-159. doi:10.1111/j.1440-1819.2008.01748.x

Kim, Y. S., Leventhal, B. L., Koh, Y. J., Fombonne, E., Laska, E., Lim, E. C., ⋯ Grinker, R. R. (2011). Prevalence of autism spectrum disorders in a total population sample. *American Journal of Psychiatry*, *168*(9), 904-912. doi:10.1176/appi.ajp.2011.10101532

Kuroda, M., Wakabayashi, A., Uchiyama, T., Yoshida, Y., Koyama, T., & Kamio, Y. (2011). Determining differences in social cognition between high-functioning autistic disorder and other pervasive developmental disorders using new advanced "mind-reading" tasks. *Research in Autism Spectrum Disorders*, *5*, 554-561.

黒田美保 (2014). 自閉症の診断基準　神経内科, *81*(4), 381-387.

Lai, M. C., Lombardo, M. V., & Baron-Cohen, S. (2014). Autism. *The Lancet*, *383*(9920), 896-910.

文部科学省による通常の学級に在籍する発達障害の可能性のある特別な教育的支援を必要とする児童生徒に関する調査結果 http://www.mext.go.jp/a_menu/shotou/tokubetu/material/__icsFiles/afieldfile/2012/12/10/1328729_01.pdf

Pennington, B. F., & Ozonoff, S. (1996). Executive functions and developmental psychopathology. *Journal of child psychology and psychiatry, and allied disciplines*, *37*, 51-87.

Shah, A., & Frith, U. (1993). Why do autistic individuals show superior performance on the block design task? *Journal of Child Psychology and Psychiatry*, *34*(8), 1351-1364.

Shallice, T., Marzocchi, G. M., Coser, S., Del Savio, M., Meuter, R. F., & Rumiati, R. I. (2002). Executive function profile of children with attention deficit hyperactivity disorder. *Developmental neuropsychology*, *21*, 43-71.

Sofronoff, K., Attwood, T., & Hinton, S. (2005). Randomised controlled trial of a CBT intervention for children with Asperger syndrome. *Journal of Child Psycholgy and Psychiatry*, *46*, 1152-1150.

Sofronoff, K., Attwood, T., Hinton, S., & Levin, I. (2007). Randomised controlled trial of a CBT intervention for for anger management in children diagnosed with Asperger syndrome. *Journal of Autism and Developmental Disorders*, *37*, 1203-1214.

White, S. W., Ollendick, T., Scahill, L., Oswald, D., & Albano, A. M. (2009). Preliminary efficacy of a cognitive-behavioral treatment program for anxious youth with autism spectrum disorders. *Journal of Autism and Developmental Disorders*, *39*(12), 1652-1662.

White, S. W., Ollendick, T., Albano, A. M., Oswald, D., Johnson, C., Southam-Gerow, M.A., Kim, I., & Scahill, L.(2013). Randomized controlled trial: Multimodal Anxiety and Social Skill Intervention for adolescents with autism spectrum disorder. *Journal of Autism and Developmental Disorders*, *43*(2), 382-394.

Wing, L., & Gould, J. (1979). Severe impairments of social interaction and associated abnormalities in children: Epidemiology and classification. *Journal of Autism and Developmental Disorders*, *9*(1), 11-29.

Williams, D. (2010). Theory of own mind in autism: Evidence of a specific deficit in self-awareness? *Autism*, *14*(5), 474-494. doi:10.1177/1362361310366314

Wood, J. J., Drahota, A., Sze, K., Har, K., Chiu, A., & Langer, D. A. (2009). Cognitive behavioral therapy for anxiety in children with autism spectrum disorders: a randomized, controlled trial. *Journal of Child Psycholgy and Psychiatry*, *50*(3), 224-234. doi:10.1111/j.1469-7610.2008.01948.x

［参考文献］

笹沼澄子（編）(2007). 発達期言語コミュニケーション障害の新しい視点と介入理論　医学書院

下山晴彦・黒田美保（編）(2016). 発達障害のアセスメント　発達支援のアセスメント　臨床心理学, *16*(1)(2).

索 引

【A–Z】
ADHD-RS-V　125
ADI-R　103
ADOS-2　103
AQ　103
ASRS-v1.1　125
ASSQ　103

CAARS　125
CBCL　126
Conners3　125

DCDQ-R　124

JASPER　179

KABC-II　41

LDI-R　125
Little DCDQ　124

M-ABC2　124
M-CHAT　103
M.I.N.I.　125

PARS-TR　103

RBS-R 反復的行動尺度修正版　123

SCID　125
SCQ　103
SCTAW　125
SDQ　126
STRAW　125
STRAW-R　125

TEACCH　178

Vineland 適応行動尺度第二版　122

WISC　41

【あ】
アセスメント　71
一次スクリーニング　101
インフォーマル（な）アセスメント　71, 126
ウェクスラー式知能検査　121
運動症群　3
エビデンス・ベイスト・プラクティス　132, 147
遠城寺式乳児分析的発達検査　121
応用行動分析　185

【か】
過剰診断　33
感覚の異常　27, 28
感覚プロファイル　123
関係性の躓き　56
感度　103
鑑別診断　7
儀式的行動・思考　28
逆唱　173
虐待　81
教育的支援　177
強化　185, 186
共同注意　96
興味の限定　28
限局性学習症（SLD）　3, 39
言語聴覚士　20
言語表出の問題　157
言語理解の問題　158
構造化　179
行動随伴性　186
広汎性発達障害　150
合理的配慮　5, 77
ゴー・ノーゴーテスト　173
語音症　19
心の理論　163
誤信念課題　164
コミュニケーション症群　3, 18

209

【さ】

サリーとアンの課題　164
暫定的チック症　45

視覚的構造化　182
持続性運動または音声チック症　45
実行機能の障害　170
自閉スペクトラム症（ASD）　3, 24, 92, 150
社会的コミュニケーション症　21
社会的コミュニケーションの障害　26, 157
社会的相互反応　27
社会的福祉的支援　177
社会的要求　10
弱化　185, 186
障害者差別解消法　5
消去　185, 186
症状　7
症状による障害　7, 8
常同運動症　44
常同反復性　28
小児期発症流暢症　20
神経発達症群　3, 6, 149
診断・評価　101
新版K式発達検査　121
心理化　163
心理教育プログラム　66
心理的介入　177

数唱　173
スクリーニング　101
スケジュール　182
ストループテスト　173
スモールステップ　186

生活障害　57
生活臨床　75
精神障害者保健福祉手帳　5
全般的発達遅延　17

操作的診断基準　8
ソーシャル・シンキング　179
ソーシャル・スキル・トレーニング　179

【た】

対人的相互反応の障害　158
田中ビネー式知能検査V　121

チック症群　44
知的障害者福祉法　5
知的能力障害群　3
注意欠如・多動症　3, 33
中枢性統合の弱さ　167

中枢性統合理論　167

津守・稲毛式乳幼児発達診断法　121

トゥレット症　45
特異度　103
トレイル・メイキングテスト　173

【な】

二次障害　79
二次スクリーニング　101
認知行動療法　187

【は】

発達期　7, 10
発達障害　2
発達障害者支援法　5, 57
発達性協調運動症　43
発達の多様性　56
ハノイの塔　173

標準化された到達尺度　40
標的スキル獲得型介入法　178

フォーマル（な）アセスメント　71, 127
物理的構造化　181
ブロック・デザインテスト　168

ペアレント・トレーニング　66, 189
ペアレント・プログラム　189
ペアレント・メンター　190
ベイリーIII乳幼児発達検査　121

包括型介入法　178
包括的（な）アセスメント　120, 177
他の疾患で説明　7, 10, 35

【ま】

迷路　173
メタ認知　171

【や】

薬物療法　79, 177

【ら】

ライフステージ　95

リーディング・スパンテスト　173

【わ】

ワークシステム　182

執筆者紹介

[監 修]

下山晴彦（しもやま・はるひこ）

跡見学園女子大学心理学部 教授　教育学博士
【主著】
臨床心理アセスメント入門　金剛出版　2008 年
臨床心理学をまなぶ 1　これからの臨床心理学　東京大学出版会　2012 年
臨床心理学をまなぶ 2　実践の基本　東京大学出版会　2014 年
誠信 心理学辞典 新版（編集代表）　誠信書房　2014 年
公認心理師必携　精神医療・臨床心理の知識と技術（編著）　医学書院　2016 年
臨床心理フロンティアシリーズ　認知行動療法入門（監修・著）　講談社　2017 年

[編集［講義］]

桑原　斉（くわばら・ひとし）…PART 1

埼玉医科大学医学部 教授　博士（医学）
【主著・論文】
子どもの自閉症スペクトラム障害（ASD）　児童青年精神医学とその近接領域, 第 54 巻第 2 号　2013 年

稲田尚子（いなだ・なおこ）…PART 3

帝京大学文学部 准教授　博士（心理学）
【主著・論文】
発達障害児者支援とアセスメントのガイドライン（共著）　金子書房　2014 年
これからの発達障害のアセスメント（共著）　金子書房　2015 年
知っておきたい発達障害のアセスメント（共著）　ミネルヴァ書房　2016 年

田中康雄（たなか・やすお）…PART 2

医療法人社団倭会　こころとそだちのクリニックむすびめ 院長
【主著・論文】
つなげよう 発達障害のある子どもたちと私たちができること　金剛出版　2010 年
発達支援のむこうとこちら　日本評論社　2011 年
生活障害として診る発達障害臨床　中山書店　2015 年

黒田美保（くろだ・みほ）…PART 4

帝京大学文学部 教授
博士（医学），博士（学術）
【主著・論文】
これからの発達障害のアセスメント：支援の一歩となるために　ハンディシリーズ―発達障害支援・特別支援教育ナビ（編著）　金子書房　2015 年
発達障害の包括的アセスメント（共編著）　臨床心理学, 第 16 巻第 1，2 号　2016 年
公認心理師のための発達障害入門　金子書房　2018 年

[編集協力［講義メモ・確認問題］]

宮川　純（みやがわ・じゅん）

河合塾 KALS 講師（心理系大学院受験対策講座担当）
【主著】
公認心理師・臨床心理士大学院対策 鉄則 10 ＆ キーワード 100 心理学編　講談社　2014 年
公認心理師・臨床心理士大学院対策 鉄則 10 ＆ キーワード 25 心理統計編　講談社　2015 年
受験カウンセリング：心理学が教えてくれる上手に学ぶ秘訣 40　東京図書　2015 年
臨床心理フロンティア　公認心理師のための「基礎科目」講義　北大路書房　2020 年
赤本　公認心理師国家試験対策 2022　講談社　2021 年

臨床心理フロンティア

公認心理師のための「発達障害」講義

2018 年 12 月 20 日　　初版第 1 刷発行　　　定価はカバーに表示
2022 年 5 月 20 日　　初版第 2 刷発行　　　してあります。

監 修 者　　下　山　晴　彦
編 著 者　　桑　原　　　斉
　　　　　　田　中　康　雄
　　　　　　稲　田　尚　子
　　　　　　黒　田　美　保

発 行 所　　（株）北 大 路 書 房
〒 603-8303　京都市北区紫野十二坊町 12-8
電話　（075）431-0361（代）
FAX　（075）431-9393
振替　01050-4-2083

編集・デザイン・装丁 上瀬奈緒子（綴水社）　イラスト かわいしんすけ
印刷・製本 亜細亜印刷（株）
©2018　ISBN978-4-7628-3045-7　Printed in Japan
検印省略　落丁・乱丁本はお取り替えいたします

・ JCOPY 〈㈳出版者著作権管理機構 委託出版物〉
本書の無断複写は著作権法上での例外を除き禁じられています。
複写される場合は，そのつど事前に，㈳出版者著作権管理機構
（電話 03-5244-5088, FAX 03-5244-5089, e-mail: info@jcopy.or.jp）
の許諾を得てください。